Luis Vélez de Guevara

El diablo está en Cantillana

Créditos

Título original: El diablo está en Cantillana.

© 2024, Red ediciones S.L.

e-mail: info@linkgua.com

Diseño de cubierta: Michel Mallard.

ISBN tapa dura: 978-84-1126-178-4.
ISBN rústica: 978-84-9816-821-1.
ISBN ebook: 978-84-9897-055-5.

Cualquier forma de reproducción, distribución, comunicación pública o transformación de esta obra solo puede ser realizada con la autorización de sus titulares, salvo excepción prevista por la ley. Diríjase a CEDRO (Centro Español de Derechos Reprográficos, www.cedro.org) si necesita fotocopiar, escanear o hacer copias digitales de algún fragmento de esta obra.

Sumario

Créditos _____ 4

Brevísima presentación _____ 7
   La vida _____ 7

Personajes _____ 8

Jornada primera _____ 9

Jornada segunda _____ 45

Jornada tercera _____ 79

Libros a la carta _____ 123

Brevísima presentación

La vida

Luis Vélez de Guevara (Écija, Sevilla, 1579-Madrid, 1644). España. Nació en una familia acomodada, se licenció en artes en 1595 por la universidad de Osuna y poco después, entró al servicio del cardenal-arzobispo de Sevilla. En 1600 se fue a Italia y se alistó en la milicia del conde de Fuentes, después estuvo bajo el mando de Andrea Doria y Pedro de Toledo. Tras una corta estancia en Valladolid, vivió en Madrid y, al servicio del conde de Saldaña, se dedicó al ejercicio de la abogacía y de las letras. El cargo de ujier de cámara del rey, que consiguió en 1625, no le permitió mantener con holgura a su numerosa familia.

Personajes

El Rey Don Pedro
Lope Sotelo
Perafán de Ribera, viejo
Don Sancho
Don García
Don Álvaro
Rodrigo, gracioso
Carrasca, alcalde
Zalamea, alcalde
Doña Esperanza
Doña María de Padilla
Leonor, criada
Don Juan de Ribera

Jornada primera

Salen el Rey Don Pedro, Lope Sotelo, Don Sancho, Don García y Don Álvaro, todos de noche.

Rey	Ninguno quede conmigo, si no es don Lope Sotelo.
Lope	Algo de nuevo recelo.
Rey	Lope.
Lope	Señor.
Rey	¿Sois mi amigo?
Lope	Esclavo de vuestra Alteza apenas merezco ser.
Rey	Don Lope, yo he menester...
Lope	¿Qué, señor?
Rey	Vuestra cabeza.
Lope	¿Mi cabeza?
Rey	No os turbéis, que en vuestros hombros la quiero, porque de esta suerte espero que mejor me serviréis. Que mejor brazo y espada de Galicia no ha salido, honrando contra el olvido

| | vuestra dulce patria amada,
| | y la cristiana cuchilla
| | contra el moro eternizando.
| | Pero, esto aparte dejando,
| | ¿cómo dejáis a Sevilla?

Lope   Buena, señor; y quejosa
        de que la favorezcáis
        mucho menos que estimáis
        su fábrica generosa
           y aquel río en quien mirando
        su vistosa majestad
        es Narciso la ciudad,
        pues sin razón despreciando
           la maravilla africana
        del alcázar que vivís,
        los veranos os venís
        a pasar a Cantillana.
           Aunque os puede disculpar
        esta casa de placer,
        que llegan a enriquecer
        Guadalquivir y Viar,
           esos caudalosos ríos
        en cuyo sitio dichoso
        vuestro abuelo generoso
        trasladó al Cielo los bríos
           del alarbe sevillano,
        habiendo vencido ya,
        porque a propósito está
        para pasar el verano;
           pero con todo, Sevilla
        siente vuestra ausencia así.

Rey   ¿Cómo estas noches, decid,

	don Lope, está la Almenilla?
Lope	Llena de barcos y gente.
Rey	¿Bravas damas?
Lope	Muchas hay entre Estopilla y Cambrai, mas pobre del que esté ausente con la más firme mujer, aunque su amor más le importe.
Rey	Esa es ya plaga de Corte.
Lope	Líbreme Dios de querer mujer ninguna que tenga el amor por granjería.
Rey	Andar desnudo solía en tiempo de Bras y Menga, mas ya le quieren vestido y lleno de oro las damas, perdonen las castas famas de Penélope y de Dido.
Lope	Han dado en tal desatino.
Rey	¿Y la niña sabia?
Lope	Está en el Candilejo ya.
Rey	Algo vendréis del camino (aunque es tan corto) cansado,

	y es razón que descanséis, pues vuestra posada veis donde hablando hemos llegado.
Lope	Volveré con vuestra Alteza.
Rey	No tenéis a qué volver, que aquí es donde he menester, don Lope, vuestra cabeza.
Lope	Pues vuestra Alteza comience a mandarme.
Rey	De vos fío que me sirváis.
Lope	¿Qué albedrío, qué imposible el Rey no vence, porque es dueño soberano?
Rey	En esa palabra espero que haréis como caballero.
Lope	Esta espada y esta mano, esta sangre y este pecho, a vuestro servicio están.
Rey	Vuestro huésped Perafán, don Lope, según sospecho, tiene una hija, y se llama doña Esperanza, tan bella, tan cuerda y sabia doncella, que es espejo de la fama. Sé que la tenéis amor

       y que ella no os quiere mal,
       y que por seros igual
       en la sangre y el valor,
          pretendéis casar con ella.
       Esto ha de cesar aquí,
       porque habéis de hacer por mí,
       don Lope, más que por ella.
         Y no solo eso ha de ser
       porque no me canse en vano,
       que del cristal de su mano
       un papel tengo de ver
          en que admita mis deseos,
       que los reyes es razón
       que gocen la posesión
       de tan divinos empleos.
         De suerte que venga a hacer
       toda la voluntad mía
       sin que de Doña María
       ni el cielo (si puede ser)
          venga a entenderse jamás,
       que lo que a hacer os obligo
       se suele por un amigo
       ofrecer, y un rey es más.

Lope   Señor, mire vuestra Alteza...

Rey   No hay que replicarme ya,
       y advertir que en esto os va
       no menos que la cabeza.

(Vase.)

Lope   ¿Inventó la tiranía
       más riguroso tormento,

ni vio humano entendimiento
desdicha como la mía?
　¿Qué Dionisio atormentó
con celos, mal de que muero,
que a Nerón, por ser más fiero
tormento, se le olvidó?
　¡Ah poder! ¿Tanto has de ser
que llegues al albedrío,
siendo imperio y señorío
que al cielo negó el poder?
　Vive Dios, que aunque me dé
mil veces la muerte injusta,
que no he de hacer lo que gusta,
de mi honor contra la fe,
　que mayor rey es amor,
y le debo más decoro
mientras a Esperanza adoro,
que la vida y el honor
　son para ocasiones tales;
piérdase todo primero
que yo pierda el bien que espero
de sus ojos celestiales.
　En un laberinto he entrado
que no podré salir de él,
porque Don Pedro es cruel,
mozo, rey y enamorado,
　y yo su vasallo soy.
¡Hay rey!, pero con la ley
del amor, ¡no hay rey, no hay rey!
¡Sí hay rey, sí hay rey! ¡Loco estoy!

Sale Rodrigo, de camino, cantando

Rodrigo　　　　　　¡Ay, que desde Vienes

             a Cantillana,
             hay una legüecita
             de tierra llana!
                Cantando y medio dormido
             he llegado a la posada
             con bota y sin camarada,
             notable milagro ha sido,
                que bien debió de picar
             después que en aquella venta
             me dejó haciendo la cuenta,
             pues no le pude alcanzar.
                Don Lope yo apostaré
             que descansa, porque agora
             todos duermen en Zamora,
             si no es quien camina a pie.
                ¿Qué hará a estas horas Leonor,
             mientras vela mi cuidado?
             ¿Quién va?

Va a entrar, y encuentra a Don Lope

Lope   Un hombre desdichado.

Rodrigo   Es don Lope, mi señor.
                     Mosca de celos tenemos;
                  respingo habrá temerario.

Lope   Quien tiene un rey por contrario,
                  ¿hará mayores extremos?

Rodrigo   ¿Un rey? Guarda fuera, y más,
                  esta buena pieza.

Lope   Aquí

15

| | estoy, Rodrigo, sin mí,
adiós, adiós. |

| Rodrigo | ¿Adónde vas? |

| Lope | No sé, por Dios, dónde voy.
¡Hay rey!, pero con la ley
del amor, ¡no hay rey, no hay rey!
¡Sí hay rey, sí hay rey! ¡Loco estoy! |

(Vase.)

| Rodrigo | ¡Oh enamorado don Lope,
cual no he visto jamás,
loco y temerario vas
tras tu cuidado al galope!
   De doña Esperanza son
celos, que es discreta y bella,
y querrá por dicha hacella
el Rey, Doña Posesión.
   En la posada se ha entrado
por un postigo que halló
abierto, si no bajó,
pienso, a abrirle algún criado.
   Y si no me engaño, a fe,
mi Leonor sale. |

Sale Leonor

| Leonor | ¡Oh lacayo
de mi vida! Como un rayo,
oyendo tu voz, bajé.
   A don Lope, tu señor,
encontré cuando bajaba, |

	pero no sé qué llevaba,
	que no me habló.
Rodrigo	Está, Leonor,
	con no sé qué achaque nuevo,
	que en Cantillana le ha dado,
	que le tiene con cuidado.
Leonor	¿Toca en celos?
Rodrigo	No me atrevo
	que en eso hablemos, si a tanto
	ha llegado su rigor,
	que de secreto, Leonor,
	me precio.
Leonor	Pues entretanto,
	dame esos brazos, Rodrigo.
Rodrigo	Leonor mía, aquí los tienes.
Leonor	¿Cómo de Sevilla vienes?
Rodrigo	Celoso, Dios me es testigo.
Leonor	Igual me tienes tú a mí
	el tiempo que te has tardado.
Rodrigo	Vive Dios, que no he mirado
	un manto, pensando en ti,
	y que hemos sido cartujos
	yo y don Lope, mi señor.
	Dame tú cuenta, Leonor
	(si no es meterme en dibujos),

    de lo que por aquí pasa.
¿Hay por los ninfos del rey,
siendo los dos mula y buey
portal de Belén mi casa?
    ¿Mírate algún lindo tierno?
¿Da en hablarte muy despacio
algún tonto de Palacio
por el estilo moderno?
    ¿Desvanécete algún paje
de excelencia o señoría?
¿Llévate la cortesía
los ojos tras el buen traje?
    ¿Hace de noche terrero
algún barbado tiplón?
¿Hay cintica? ¿Hay favorón
de cabellito en sombrero?
    ¿Hate algún bravo pedido
celos de mí a lo cruel,
y a pepitoria o pastel
mis narices te ha ofrecido?
    Que aunque hayas muerto en agraz
mis favores de este modo,
yo te absolveré de todo,
que soy celoso de paz.
    ¿Lloras?

Leonor	¿No quieres que llore, viéndome tan mal pagada?
Rodrigo	Pasada por agua, amada Leonor, querrás que te adore, siendo de mi corazón ídolo huevo no más, porque esas perlas que estás

        vertiendo, del alba son,
          y han de hacerte falta ahora,
        que a llamar el Sol comienza,
        colorada de vergüenza,
        de ver que eres tú su aurora.

Leonor   Entra, que es tarde, y te espera
                  la cama mullida ya.

Rodrigo   Y cenar.

Leonor   No faltará,
                 que aquí está tu despensera.

Rodrigo   Mira que tiene un mal nombre
                 desde Judas.

Leonor   Yo confieso
                que tienes razón, mas eso
                es porque Judas fue hombre.

Rodrigo   Si mujer hubiera sido,
               yo sé de su desenfado
               que ni se hubiera ahorcado
               ni se hubiera arrepentido;
                 en esto no hay dudas
               ni querellos ofender,
               aunque en besar y vender
               cualquiera mujer es Judas.

Leonor   De parte de todas, mientes.

Rodrigo   ¡Qué azucarado mentís!
               A ámbar huele y sabe a anís

Leonor
        cuanto pasa por tus dientes.
        Éntrate, loco, a acostar,
        que está la casa dormida.

Rodrigo
        Vamos, Leonor de mi vida.

Leonor
        Ven, Rodrigo de Vivar.

(Vanse.)

Salen Doña María de Padilla y Don Álvaro

María
        ¿A quién llevó el Rey, decid,
        don Álvaro, en compañía?

Álvaro
        A don Sancho, a don García,
        a don Gutierre y a mí,
        y a don Tibalte imagino
        que en Cantillana encontró,
        a don Lope que llegó
        esta noche de camino.

María
        Pues ¿cómo le habéis dejado?

Álvaro
        Quísose quedar con él
        a solas.

María
          Quizá por él
        nuevas cosas se han trazado,
          y fue a Sevilla a ese efecto,
        y con respuesta ha venido
        por haberle parecido
        al Rey hombre más secreto.

Álvaro	Don Lope es cuerdo y sabrá huir de dar, como es justo, a vuestra Alteza disgusto.
María	Don Álvaro, claro está que yo me burlo. ¿Quién es?
Álvaro	Su privado don García.

Sale Don García

María	¿Y el Rey?
García	El Rey ya venía.
María	¿Dónde le dejaste pues?
García	Con don Lope se quedó, que quiso con él hablar.
María	¡Qué repentino privar!
García	Que trajo, imagino yo, negocios de Estado y guerra, de importancia que tratar con el Rey.
María	No hay que dudar: esto algún secreto encierra, que no puede menos ser privanza tan repentina.
García	Don Lope es persona digna

	de alcanzar y merecer cualquier favor de su Alteza, por su ingenio y valor.
María	¿Digo yo menos, señor? ¿Qué me quebráis la cabeza?
García	Vuestra Alteza me perdone, que enojarla no pensé, que esto en don Lope se ve cuando yo no lo pregone; que más bien quisto criado no tiene en su casa el Rey, y esto es cumplir con la ley de amigo.
María	Ya estáis cansado.
García	Vuestro humilde esclavo soy.
María	Basta.
Álvaro	No puede llevar ver a don Lope alabar.
García	El Rey viene.
María	Y yo me voy.

Al irse sale el Rey y detiénela

Rey	¿Qué es esto, señora mía? ¿Porque yo vengo os vais vos? No huyáis de mí, que por Dios

	que es faltar el Sol al día faltando vuestra belleza. Deteneos, no os escondáis, que no es bien que os encubráis cuando a amanecer empieza; mirad que ocaso me hacéis.
María	Licencia me habéis de dar, que quiero daros lugar para que a don Lope habléis.
(Vase.)	

Rey	Celos son, culpa he tenido
	en no avisar a los criados;
	pero ciego en sus cuidados,
	¿qué amante fue prevenido?
	    Divertir es menester
	ahora a Doña María,
	porque celosa podía
	venirlo todo a entender.
	    Y su ciega condición
	celosa en extremos temo
	porque la quiero en extremo,
	que aunque con loca afición
	    a Esperanza solicito,
	suya es el alma en rigor,
	porque una cosa es amor
	y otra cosa es apetito.
	    Y la amorosa porfía
	en los dos es desigual,
	que Esperanza es temporal
	y eterna Doña María.
	    Mayor gusto solicito

>   de sus celosos desvelos,
>   que entrarse a dormir con celos
>   es comer con apetito.

(Vanse todos.)

Salen Perafán de Ribera, viejo, y Don Lope

Perafán   Seáis, señor don Lope, bien venido,
               que debistes llegar poco cansado,
               pues menos que soléis habéis dormido.
                  ¿Cómo venís?

Lope   Con no sé qué cuidado,
               que a los hombres no faltan cada día,
               que me tiene confuso y desvelado.

Perafán   Si es falta de dinero, no querría
               que anduvieses tan poco cortesano
               que no os sirvieseis de la hacienda mía,
                  que a fe de caballero y cortesano,
               y amigo vuestro en fin, y por la vida
               de Esperanza y de don Juan, su hermano,
                  (que de Granada vuelva a la medida
               que piden mis deseos), que no hay cosa
               que yo os pueda negar, de vos pedida.
                  No es lisonja, por Dios, sino forzosa
               obligación que debe a la nobleza
               la sangre de mi pecho generosa.

Lope   Estimo como debo la largueza
               de vuestro noble y generoso pecho,
               mas no es falta de hacienda mi tristeza,
                  que ya estoy de quien sois tan satisfecho,

                que a ser de esa ocasión, hoy excusara
las ofertas, señor, que me habéis hecho;
en ocasión más superior repara.

Perafán   Amor debe de ser, que en la edad vuestra
naturaleza misma lo declara,
    que hasta en los brutos es común maestra,
y enseña a amar las fieras y las plantas,
como con la experiencia nos lo muestra.
    Sois mozo, sois galán y tenéis tantas
partes, que merecéis rendir con ellas
hasta las luces de los cielos santas.
    Serviréis dama de Palacio, estrellas
del imperio, inmortal a los zafiros,
emulación de imágenes más bellas.
    Adonde son aromas los suspiros,
holocausto las lágrimas y donde
con sola voluntad podré serviros,
    que aunque el caso a mi edad no corresponde,
os iré a hacer espaldas al terrero,
que a ningún trance la vejez me esconde.
    Yo volveré a ceñir el limpio acero
que ociosamente vive descuidado
de aquella fama que ganó primero.
    Bien me podéis fiar, don Lope, al lado,
que yo os prometo dar tan buena cuenta
que volváis con mis años disculpado.

Lope   Bien en vuestro valor me representa
la sangre, que tenéis mayores bríos,
y el favor que me hacéis tomo a mi cuenta.
    ¿Cómo estáis de salud?

Perafán   Como los ríos

	que dan tributo al mar, camino agora
	con los achaques ordinarios míos,
	pero para serviros.
Lope	Mi señora
	doña Esperanza, ¿cómo está?
Perafán	Dormida,
	pero siempre muy vuestra servidora.
Lope	Déle el cielo salud y larga vida,
	y tenga aquel empleo que merece
	su virtud y nobleza conocida.
Perafán	Pero que sale a veros me parece,
	que la ha obligado a madrugar el gusto
	que el alborozo con razón la ofrece
	de la venida vuestra.
Lope	Y es muy justo,
	si paga como debe mi deseo.
Perafán	De los extremos de Esperanza gusto,
	que en acudir a vuestras cosas veo,
	pluguiera a Dios se hiciera el hospedaje;
	pero vos vais tras más dichoso empleo
	y aquí es razón que este discurso ataje.

Sale Doña Esperanza

Esperanza	Vos seáis tan bien llegado,
	señor don Lope, a esta casa,
	como de límite pasa
	el haberos deseado.

¿Cómo venís?

Lope   ¿Cómo puedo
venir con este favor
que a vuestro raro valor
obligado siempre quedo?
Ya sé que salud tenéis.

Esperanza   Con ella os pienso servir,
y no quiero recibir
esta merced que me hacéis
en pie, que es justo de espacio
que los huéspedes gocemos
de vos, y no que dejemos
que siempre os goce el Palacio.
Alcance un poco la villa,
señor don Lope, de vos.

Lope   Soy vuestro esclavo, por Dios.

(Siéntanse.)

Esperanza   ¿Cómo os fue, pues, en Sevilla?
Que a gusto hayáis negociado
deseo como es razón.

Lope   Cumplí con la obligación
de caballero y soldado
y tuve tan buen suceso
que me he tardado seis días,
y pudieran las porfías
llegar a mayor exceso,
porque era materia odiosa
de puertos y de lugares,

	y en cosas particulares
	suele ser dificultosa.
Esperanza	¿Habéis visto muchas damas?
	Que las sevillanas son
	bizarras.
Lope	Y con razón
	de las amorosas llamas
	esferas pudieran ser
	por la limpieza y el brío,
	pero el pensamiento mío
	no está para echar de ver
	beldad ninguna, ocupado
	en más divina porfía.
Esperanza	¡Qué amorosa hipocresía,
	qué fineza y qué cuidado!
Lope	Pésame que me tengáis
	por falso.
Esperanza	Los hombres son
	de una misma condición.
Lope	Mal lo entendéis si juzgáis
	a todos de una manera.
Esperanza	¿Quién, ausente, firme ha sido?
Lope	Quien con firmeza ha querido.
Esperanza	Ya no hay quien tan firme quiera.

Lope	Confieso que eso es verdad, porque no tiene segundo mi firme amor en el mundo.
Esperanza	Que hay segundo, dejad; pues es tan grande, señor don Lope, el mundo.
Perafán	¿Tú quieres defender a las mujeres, que no sabes qué es amor? Para quien lo entienda deja, Esperancica, esas cosas, que en materias amorosas yerra el que más aconseja, que amor es filosofía de celos, temor y ausencia, que ha menester experiencia.
Esperanza (Aparte.)	¿Y qué mayor que la mía?
Perafán	Aunque que esto es natural a la más ruda mujer, se enseña sin aprender y más si les está mal, que por eso como fieras son de los hombres tratadas en tenerlas encerradas cubiertas de vidrieras, de rejas y celosías; y dijo, a mi parecer, muy bien cierto bachiller, que aquestas filosofías, que esto del amor, que a pocos

        tener con gusto consiente
jamás, era solamente
para muchachos y locos.
    Perdone el señor don Lope
si ha parecido osadía,
que en tan larga cofradía
no hay cuerdo que no se tope;
    que también acá hemos sido
de los muchachos y locos,
que se han escapado pocos
de la guerra con sentido.
    Pero esto aparte dejando,
¿cómo está Sevilla?

Lope   Buena
y de mil grandezas llena.

Esperanza   Siempre vivo deseando
    ver su grandeza romana,
porque desde que nací,
jamás del muro salí,
don Lope, de Cantillana.
    De que contra el tiempo ingrato
tanto cuentan, que quisiera
de su fábrica y ribera
tener siquiera un retrato.

Lope   Si os satisfacéis ahora
con el de un tosco pincel
(que es mi relación), con él
podré serviros, señora.

Esperanza   Haréisme merced notable.

Perafán	Y a todos.
Lope	Pues atención
y escuchad la relación
de su fábrica admirable.
Perafán	Mirad que si me durmiere
que me habéis de perdonar.
Lope (Aparte.)
(A Perafán.)

(Aparte.) | No sé cómo puedo hablar.
Haced lo que gusto os diere,
que de cualquiera manera
recibo merced de vos.
Reventando estoy por Dios. |
| Perafán | Mirad que Esperanza espera. |
| Esperanza | Y de suerte que imagino
que la ha de tener presente. |
| Lope | Escuchadme atentamente
que serviros determino.
Hércules, hijo de Alceo
(a quien las claras hazañas
de tantos Hércules quieren
que le atribuya la fama),
viniendo con las columnas
(que por non plus ultra estaban
donde se acaba la tierra
y comienza el mar de España)
a las riberas del río
Guadalquivir (africana)
dicción, que quiere decir
quirivi, grande, y río, guardar, |

que llamaron los antiguos
Betis, Bética llamada
por él toda la provincia
desde el río Guadiana,
que hoy se llama Andalucía,
corrompido de Vandalia,
nombre antiguo porque fue
de vándalos habitada,
viendo su apacible sitio
y agradecido a las aguas
del padre de tantos ríos
que al mar mayor feudo pagan,
a Sevilla edificó,
cuya fábrica gallarda
por Hispalo, hijo suyo,
Hispalis fue llamada.
Coronóla Julio César
después de fuertes murallas,
por reina de las ciudades
y por colonia romana.
Aunque, según Estrabón,
fue antes que Roma fundada
cien lustros, que a nuestra cuenta
de quinientos años pasan.
En varios tiempos después
la ilustraron gentes varias;
godos, vándalos, suevos,
huntinos, citas, carmantas,
hasta que vino a poder
(por Rodrigo y por la Cava),
con la tragedia española,
de la nación africana.
Poco a poco corrompieron
naciones y gentes varias

de Hispalis el nombre antiguo,
y del tiempo las mudanzas.
Hispilia a llamarse vino,
y luego los de la Arabia
la llamaron Isuilia,
y en la lengua castellana
Sevilla, creciendo siempre
sus grandezas con su fama.
Y llamando a su conquista
el brazo y la invicta espada
del Santo rey Don Fernando
(el mayor héroe y monarca
que tuvo jamás la Europa)
debajo su invicta planta,
puso sus soberbios muros,
con Garcipérez de Vargas.
Desde entonces de los reyes
de Castilla es Corte, a causa
de ser la ciudad más noble,
más rica, insigne y bizarra;
tan populosa, que haciendo
montes de soberbias casas,
impedir quiso que el Betis
tributase al mar de España.
Y él, rompiendo por en medio,
parece que ahora aparta,
de la una parte a Sevilla,
de la otra parte a Triana,
cuyos edificios bellos
se presentan la batalla,
y a no estar en medio el río
pienso que escaramuzaran,
pues para hablarse en las treguas
hay una puente de tablas,

sobre trece barcos puesta
y a cadenas amarrada,
por donde se comunican
a esta Babilonia tantas
mercaderías, que al peso
de los cielos no descansa.
La orilla arriba del río
está la Cartuja santa,
que con preciarse de mudos,
vive a la lengua del agua;
tan suntuoso edificio,
que mientras sus monjes callan,
hablan las piedras por ellos
con las lenguas de su fama.
Desde la Torre del Oro,
por insigne celebrada,
a quien sirve el sordo Betis
de limpio espejo de plata,
hasta esta famosa puente
por el río se trasladan
dos selvas de árboles secos
donde las hojas son jarcias,
desde donde el año todo
compiten con otras tantas,
al zafiro de los Cielos
con dos cielos de esmeraldas.
Aunque dentro de sus muros
la Primavera se halla
tan bien, que ha jurado ser
de Sevilla ciudadana;
entre cuyos edificios
al blanco Enero acompañan,
Abril vestido de verde,
y el Sol bordado de nácar.

Veintitrés mil casas tiene,
y es del agua la abundancia
tan grande, que pienso que hay
tantas fuentes como casas.
Tan hidrópica es su sed,
o su vecindad es tanta,
que un río entero se bebe
sin que al mar le alcance nada.
Que es el dulce Guadaira,
que el muro a Sevilla asalta
por los caños de Carmona
con cristalinas escalas,
cuyas aguas, porque nunca
a pagar tributo salgan
al mar, dentro de sus muros
las hace Sevilla hidalgas.
Su iglesia mayor, que fue
mezquita alarbe y mosaica
labor, en fábrica ilustre
a la de Efeso aventaja,
cuya gran torre parece,
por artificiosa y alta,
o pasadizo del Cielo,
o que es del Sol atalaya.
Cuando pintar quiso Ovidio
del Sol la luciente casa
con columnas de Epiropos,
pintó su famoso alcázar,
en cuyos estanques fríos,
desde la noche hasta el alba,
le aconsejan las estrellas
y se enamoran las plantas.
Y donde cisnes y peces,
cambiando plumas y escamas,

                               hacen con flores y murtas
                               tornasoles de las aguas;
                               sin mil edificios bellos
                               que son gigantes sin alma,
                               que a competencia del Cielo
                               sobre el viento se levantan;
                               tiene Sevilla, en efecto,
                               trece puertas, once plazas,
                               mil calles, doscientos templos,
                               que a la antigüedad espantan.
                               Es fértil, alegre y rica,
                               insigne en letras y armas,
                               y no ha menester la Corte
                               para ser del mundo patria.
                               Y por remate de todo,
                               en la perdición de España,
                               dio nobleza a las Asturias,
                               a Galicia y a Vizcaya,
                               un San Isidro a León
                               una imagen soberana
                               a Guadalupe, al martirio
                               dos valerosas hermanas,
                               que fueron Justa y Rufina,
                               y a las arrianas armas
                               un príncipe Hermenegildo,
(Duerme el viejo.)   columna de la fe santa.
                               y un Laureano que haciendo
                               sus manos fuente de plaza,
                               llevó su misma cabeza
                               a la tirana venganza;
                               el mejor emperador
                               a Roma, y envidia a Mantua
                               un Silio Itálico, Homero
                               español con justa causa.

                    Todo le sobra a Sevilla
                    que es la maravilla octava,
                    mas faltando tu belleza
                    todo a Sevilla le falta.

Esperanza   De mi padre al sueño puedo
                    agradecer esta extraña
                      lisonja.

Lope   Pluguiera al cielo
                    fuera lisonja, Esperanza,
                    que no hiciera.

Esperanza   No prosigas.

Lope   Eso mismo el Rey me manda.

Esperanza   ¿Qué es lo que dices?

Lope   No sé.

Esperanza   ¿Qué tienes?

Lope   Estoy sin alma.

Esperanza   Mi bien, ¿qué te ha sucedido?

Lope   Quererte el Rey, Esperanza.

Esperanza   ¿El Rey?

Lope   Y me manda al fin
                    que desde hoy te deje.

Esperanza	Aguarda; pues, ¿sabe el Rey que te quiero?
Lope	Nunca un malicioso falta, lince de los pensamientos, que penetra cuanto pasa. Tú has dado sin duda al Rey, en esta ausencia, Esperanza, ocasión para tenerla, que eres mujer y esto basta. Malhaya quien de mujer confía prendas tan altas como el gusto y el honor, y la voluntad, malhaya.
Esperanza	Basta, don Lope, no intentes por disculpa a tus mudanzas, a costa de ofensas mías, que por puerta ni ventana no he dado ocasión al Rey ni al mismo Sol que intentara darte celos por mi honor, por mi sangre, y la palabra que tienes de que he de ser tu esposa, que ésta bastara; miente el Rey si te lo ha dicho, el mundo y todos se engañan.
Lope	No puede mentir el Rey, perdona, Esperanza amada, que él me ha dicho que te ha visto, mas la parte no declara. Bien puede ser de la tuya, que no le hayas dado causa

          para intentar tus favores;
          él, en efecto, me manda
          que te deje de querer
          siendo imposible, Esperanza;
          y no solo que te deje,
          sino que contigo haga
          que le quieras y me obliga
          con notables amenazas
          del honor y de la vida,
          que de tu mano le traiga
          un papel, para que sirva
          de testigo a mis palabras.
          Con esta merced, anoche
          me recibió, cuando al alba
          pude con lágrimas tristes,
          si no imitar, apiadarla.
          Lo que faltó de allí al día
          con mis celos, con mis ansias,
          la cama y el pecho mío
          hice campo de batalla.

Esperanza   ¿Qué importa que quiera el Rey
                    si no es dueño de las almas?

Lope   ¡Ay, mi Esperanza perdida!

Esperanza   Mi padre despierta, aparta.

Perafán (Despierta.)   Dormíme y cumplí por Dios
                    lindamente mi palabra.
                    ¿En qué va mi relación?

Lope   En este punto se acaba.

Sale Rodrigo

Rodrigo   Dame tus manos.

Esperanza   Rodrigo,
                        seas bienvenido.

Rodrigo   Estaba
                        por besarte los chapines
                        mil veces, honra de España,
                        a ser casta cortesía.

Perafán   Ya, Rodrigo, no nos hablas.

Rodrigo   Hablar y servir por cierto;
                        dame tus manos.

Perafán   Levanta;
                        ¿cómo dejas a Sevilla?

Rodrigo   Como siempre, buena y brava:
                        díme un filo en el Corral
                        de los Olmos y una mandria
                        tuvo no sé qué conmigo
                        sobre si pasa o no pasa;
                        llevó una mohada a cuenta,
                        siguióme la gurullada,
                        no pude tomar iglesia
                        ni embajador, y en las ancas
                        de la mula de un doctor
                        me escapé con linda gracia.

Perafán   ¿En las ancas de la mula
                        de un doctor?

Rodrigo	Pues dime, ¿hay casa de Embajador, hay iglesia, hay torre, hay tierra del Papa de mayores preeminencias? Pues hay médico que acaba de matar cuarenta enfermos y no hay quien le pida nada, en poniéndose en la silla; pues lo mismo es en las ancas, que el practicante más zurdo en asiento la gualdrapa, aunque mate, es como asirse de una iglesia a las aldabas. Hay aqueste privilegio en las mulas doctoradas desde el portal de Belén.
Perafán	¡Notable humor!

Sale Leonor

Leonor	¡Gran privanza!
Perafán	¿Qué es esto, Leonor?
Leonor	El Rey se apea de un coche en casa y dicen que viene a ver al señor don Lope.
Perafán	Extraña merced y raro favor.

Lope (Dentro.)   Ya empiezan mis celos.
                        ¡Plaza!

Sale el Rey con acompañamiento

Rey   Por decirme que indispuesto
                    os sentís y que en la cama
                    estabais, don Lope, quise
                    veniros a ver.

Lope   Las plantas
                    reales de vuestra Alteza
                    mil veces beso.

Rey   En el alma
                    estimo el hallaros bueno.

Perafán   En honrar, señor, posada
                    tan corta, imitáis a Dios,
                    siendo ésta.

Rey (Aparte.)   ¡Belleza rara!
                    Vuestra casa, Perafán,
                    puede pasar por alcázar:
                    levantad, ¿es hija vuestra?

Perafán   Sí, señor, y vuestra esclava.

Rey   ¿No tenéis hijo?

Perafán   Señor,
                    en la guerra de Granada
                    sirviendo está a vuestra Alteza,
                    imitando a las hazañas

	de sus pasados; bien supo vuestro padre, que Dios haya, en lo de las Algeciras si fue cobarde mi espada.
Rey	Ya, Perafán de Ribera, sé quien sois, doña Esperanza estuviera (¡gran belleza!) mejor en Palacio.
Lope (Aparte.)	El alma se me sale a cada vuelta del Rey y cada palabra.
Perafán	Vuestra Alteza me perdone, que soy solo y en mi casa no hay quien mire por mi hacienda sino Esperancica.
Rey	Basta.
Perafán	Juan está ahí, en quien podéis hacer merced a esta casa, pues por sangre y por servicios...
Rey (Aparte.)	No está la paga olvidada. ¡Qué honestidad! ¡Qué hermosura! Apenas los ojos alza: vive Dios, que me ha causado miedo y respeto.
Lope (Aparte.)	¡Qué extraña ocasión de celos, cielos!

Rey
: A su fama se adelanta
de su retrato también;
¡adiós, Perafán!

Lope
: Hoy trata
mi muerte, Esperanza, el Rey.

Esperanza
: Ten de quien soy confianza
y no receles.

Lope
: Advierte.

Rey
: ¿Venís?

Lope
: Sí, señor.

(Vanse y quedan los dos criados.)

Leonor
: ¿No me hablas?

Rodrigo
: Yo me acordaré de vos,
Leonor.

Leonor
: ¡Qué extraña mudanza!

Rodrigo
: Voy muy grave con el Rey,
y pienso que por tu ama,
desde esta noche ha de andar
el diablo en Cantillana.

Fin de la primera jornada

Jornada segunda

Salen Esperanza y Don Lope

Lope Esto me importa la vida,
 al Rey tienes de escribir.

Esperanza Es obligarme a morir.

Lope Tu fe tengo conocida,
  y lo que te pido sé
 que tiene dificultad
 para con tu voluntad
 que tan firme siempre fue:
  pero en aquesta ocasión
 haz cuenta, Esperanza mía,
 que excusas mi muerte.

Esperanza   El día
 que mayor obligación
  me has de deber, ha de ser
 éste.

Lope   No tiene lugar
 la vida para pagar
 las que te llego a deber,
  que el Rey está enamorado
 y no hay burlarse con él,
 que es resuelto y es cruel,
 y esta palabra le he dado.
  Tú como cuerda sabrás
 con su amoroso desvelo
 contemporizar, que el cielo,
 que no ha negado jamás

	remedio a toda desdicha,
	contra este monstruo importuno
	vendrá a descubrir alguno
	entretanto en nuestra dicha
	con que tenga nuestro amor
	el dulce fin que desea.

Esperanza   Alto, como gustas sea;
                 pero ¿no fuera mejor
                    escribir de ajena mano,
                 porque mi letra a la suya
                 no llegue?

Lope   Ha visto la tuya
                 y fuera intentarlo en vano.

Esperanza   ¿Cómo?

Lope   Obligóme a mostrarle,
                 como este engaño penetra,
                 en una carta tu letra,
                 y aunque quisiera engañarle,
                    ni tuve lugar, ni pude.
                 Al fin la ha visto, Esperanza,
                 que el poder de un Rey alcanza
                 los pensamientos que mide;
                    los suyos del tiempo espero,
                 y de tu ingenio divino.

Esperanza   Darte gusto determino.

Lope   Aquí pienso que hay tintero,
                    pluma y papel.

(Llevan recado de escribir.)

Esperanza
          No pudieras
          pedirme, don Lope, cosa
          de hacer más dificultosa.

Lope
          Escribe, mi bien, ¿qué esperas?;
          mira que me aguarda el Rey.

Esperanza
          Ya tomo la pluma y voy
          a escribir y en mí no estoy,
          porque voy contra la ley
          de nuestro amor.

Lope
          Es verdad.

Esperanza
          No dan, después de los celos,
          mayor infierno los cielos
          que escribir sin voluntad.

Lope
          Vaya; pues esto ha de ser.
          Di arriba: «Señor...

Esperanza
          Señor...

Lope
          ...vuestro grande amor...

Esperanza
          ...amor...

Lope
          ...don Lope me dio a entender...

Esperanza
          ...a entender...

Lope
          ...y agradecida...

Esperanza	...y agradecida...
Lope	...pagarlo intentar pudiera...
Esperanza	...pudiera...
Lope	...si le estuviera...
Esperanza	...estuviera...»
Lope	Pon lo demás por tu vida, que yo estoy perdiendo el seso; esto más te deba yo.
Esperanza	Haré lo que gustas.

Lope	¿Vio
	más nuevo y raro suceso
	   la tierra, desde que amor
	tantas historias admira?
	Escribe, mi bien, y mira
	que entretengas, sin rigor
	   de desdén ni desengaño,
	con las razones al Rey;
	¿hay más rigurosa ley,
	que esté mi vida en mi daño?

Esperanza	Ya acabé, ¿quiéresle ver?
Lope	Ciérralo, que si está lleno este vaso de veneno, sin verle le he de beber.

Esperanza   ¿Ha de ir con cubierta?

Lope   Sí,
que es para el Rey, y el primero.

Esperanza   Segundo escribir no espero.

Lope   Séllale también, que ahí,
Esperanza, el sello está,
y pluguiera a Dios que fuera
de suerte que no le hubiera.

Esperanza   Yo he hecho, don Lope, ya
tu gusto.

Lope   Nunca fue nuevo
en ti, mi bien.

Esperanza   Toma.

(Dale el papel.)

Lope   Adiós.

Esperanza   Adiós.

(Vase.)

Lope   ¡Ay papel!, en vos
mi vida y mi muerte llevo.

(Vase.)

49

Salen el Rey Don Pedro y criados

Rey	Confusa imaginación
que los sentidos despiertas,
para la guerra del alma
hagamos un poco treguas.
Divirtámonos un poco,
que no es razón que sin ellas
de una vez se pierda todo,
que es muy de casa la guerra.
Rey soy, y tengo poder,
cuando el mundo lo impidiera,
para gozar de Esperanza.
Tratemos de otra materia;
¿qué hay de nuevo en Cantillana?

García	Hay una cosa nueva
que trae, señor, el lugar
sin seso.

Rey	¿De qué manera?

García	Dicen que de pocas noches
acá, que a las doce y media,
mucha gente de la villa,
como tan tarde se acuestan
por ser verano, ha encontrado,
arrastrando una cadena
y dando tristes gemidos,
una fantasma tan fiera
que a la casa de la villa
más alta con la cabeza
iguala, y aun sobrepuja;
y por esta causa mesma

	hay mil enfermos de espanto.
Rey	Siempre tuve por quimera, don García, estas fantasmas.
Álvaro	Bien puede ser que lo sea.
Rey	Estas suelen siempre ser fábulas de las aldeas, que es la ignorancia inventora y amiga de cosas nuevas. Acuérdome que decía, hablando en esta materia, un hombre de muy buen gusto y no menos experiencia, que tres cosas en su vida no supo jamás lo que eran ni dio crédito, que son: leguas, duendes y doncellas.
Álvaro	Esto dicen muchos, y hay criados de vuestra Alteza que también la han encontrado.
Rey	Mentirán, por vida vuestra.
García	Don Lope me contó anoche que ha escuchado las cadenas y los gemidos saliendo de Palacio.
Rey	Si él lo cuenta, verdad debe de decir.

García   Y él de sí mismo confiesa
que no se atrevió a espetarla.

Rey   Pues en don Lope no es mengua
de valor, pues de su espada
sabemos tantas proezas.

Álvaro   Don Lope viene, señor.

Rey   Venga muy enhorabuena.

Sale Don Lope

                         ¿Qué nuevas tenemos, Lope?

Lope   ¿Qué nuevas, señor? Muy buenas.

Rey   ¿Hay papel?

Lope   Y a vuestro gusto.

Rey   Qué albricias no me pidieras,
porque te diera Sevilla.

Lope   Basta tu gusto por ellas.

Rey   Idos y dejadnos solos.

Álvaro   En entrando con su Alteza
don Lope, todos sobramos.

García   Qué se puede hacer; paciencia.

(Vanse.)

Lope   Toma, señor, el papel.

(Dásele.)

Rey   Mil veces, don Lope, deja
                que le bese y que le adore.

Lope (Aparte.)   (Y a mí que de celos muera.)

Rey (Lee.)   «Señor, vuestro grande amor...»
                Pues dando crédito empieza
                a mi amor, de pagar son
                las muestras más verdaderas.

(Lee.)   «...don Lope me dio a entender...»

Lope (Aparte.) (No iguala nada a mi pena.)

Rey (Lee.)   «...y agradecida...»

Lope (Aparte.)   (Estoy loco.)

Rey (Lee.)   «...pagarle intentar pudiera,
                si le estuviera a mi honor,
                a mi sangre, a mi nobleza,
                tan bien, como ser esposa
                de don Lope, que éste os lleva;
                yo le adoro, y ha de ser
                solo él mi dueño en la tierra,
                a pesar del mundo todo;
                no se canse vuestra Alteza.
                Doña Esperanza, mujer
                de don Lope.»

(Vuelve a mirar a Don Lope.)

Lope
    El Rey se altera,
y me ha mirado enojado,
si no me engaño.

Rey
    ¿Que tenga
tal atrevimiento un hombre,
un vasallo, que en mi ofensa
cosa intente semejante,
y con esta desvergüenza
traiga a mi mano un papel
con más que puntos y letras
soberbias y desengaños?

Lope
    ¿Qué confusión es aquesta?
¿Qué ha escrito Esperanza allí,
que aquí me tiene sin ella?

(Vase el Rey a Don Lope, empuñada la espada.)

    Parece que el Rey se viene
a mí, con la mano puesta
en la espada.

Rey
    Vive Dios,
que estoy, villano...

Lope
    Detenga
vuestra Alteza su furor;
mire, escuche, espere, advierta
que yo, que nunca...

Rey
    ¡Traidor!

Lope	Repórtese vuestra Alteza, y tráteme bien, que soy...
Rey	¿Quién sois?
Lope	Una hechura vuestra.
Rey	Yo os volveré al primer nada.
Sale Doña María	
María	Señor, ¿qué voces son éstas? ¿Vos con don Lope enojado? Parece imposible.
Lope	Apenas tengo sangre, en que La vida estribe a causa secreta, que en los reyes puede tanto.
María	Colérico estáis.
Rey	Es fuerza, por lo que debo a un suceso que después sabréis.
Lope (Aparte.)	Cabeza, temblando estáis en los hombros; veneno mezcló en las letras Esperanza para el Rey, por que yo a sus manos muera.
Rey	¿Don Lope?

Lope	Señor.
Rey	Besad
luego la mano a su Alteza
y prevenid la partida,
que importa vuestra presencia
a mi hermano Don Enrique
en aquesta justa empresa
que intenta contra Archidona,
y en ocasiones como éstas,
a vuestro valor la paz
le está mal, habiendo guerra.
María	El Rey como es justo os honra,
que allá la persona vuestra
le podrá servir mejor.
Lope	Déme la mano su Alteza.
María	Dios os traiga con victoria.
Lope	Los pies de vuestras Altezas
mil veces beso.

Éntrase Doña María y vuelve Don Lope

Rey	Advertid
que no habéis de estar apenas
dos horas en Cantillana,
sin ver ventana ni puerta
de doña Esperanza, o ved
si os estorba la cabeza.

Lope	¡Ah vano amor, ya estarás contento!, si de verme dichoso estabas triste, pues sola una esperanza me diste; pluguiera a Dios se la llevara el viento. Llévate mis celos, pensamiento, allá con los sentidos que ofendiste, que a quien penas con lágrimas resiste es alivio faltarle entendimiento. O quítame a lo menos la memoria, como las esperanzas de mis dichas en una solamente me has quitado. No se me acuerde la pasada gloria, que no hay mayor desdicha en las desdichas que haber sido dichoso un desdichado.

Vase, y salen Doña Esperanza y Leonor

Esperanza	¡Ay Leonor!, mucho se tarda don Lope; culpa he tenido en haber con el Rey sido tan resuelta.
Leonor	Espera, aguarda: eso que miras ahora, ¿no fuera razón de estado de amor haberlo mirado primero?
Esperanza	Quien ciega adora, en nada, Leonor, repara.
Leonor	Pues ten agora valor.
Esperanza	Cuando le muestra el amor

| | que es muy poco, es señal clara. |
| | ¡Ay, no puedo sosegar! |

Leonor   ¡Qué temerosa mujer!

Esperanza   Pues me permites querer,
            permíteme recelar.

Leonor   Recela, mas no de suerte
            que venga a ser el recelo
            tu muerte.

Esperanza   Ya no es consuelo
            defenderme de la muerte;
            vuelve a abrir esa ventana,
            que parece que escuché
            a don Lope.

Leonor   Ilusión fue,
            pero no ha sido tan vana,
            que pienso que ha entrado acá
            Rodrigo.

Sale Rodrigo muy triste

Esperanza   Rodrigo mío,
            ¿y don Lope? ¿Mudo y frío
            te quedas? Responde ya.
            ¿Queda en Palacio?

Rodrigo   Señora,
            si no te dice el semblante...

Esperanza   Tente, tente, no prosigas,

>   que si es desgracia, no es tarde.

Rodrigo

> Lo que me mandas haré.

Esperanza

> ¡Ay Rodrigo, si acertases
> a decir que está don Lope
> libre y vivo!

Rodrigo

>   Dios le guarde,
> que vivo y libre camina,
> aunque sin acompañarle
> ningún criado.

Esperanza

>   ¿Qué dices?

Rodrigo

> Si me permites que hable,
> dirélo, mas temo luego
> al comenzar que me atajes
> con una corma en los dientes
> y una horca en los gaznates.

Esperanza

> Ya que me has asegurado
> que está libre y vivo, dame
> relación de su camino.

Rodrigo

> Escúchame sin turbarme.

Esperanza

> Di, Rodrigo.

Rodrigo

>   Yo venía
> como acostumbro, a buscarle
> a Palacio, cuando veo
> que por sus umbrales sale
> haciendo extremos de loco

　　　　　　　　　y arrojando de coraje
　　　　　　　　　suspiros y espuma al viento,
　　　　　　　　　cuando a los mismos umbrales
　　　　　　　　　llegan dos postas, y en una
　　　　　　　　　que le pusieron delante,
　　　　　　　　　sin tocar pie en el estribo
　　　　　　　　　subió al fuste por el aire.
　　　　　　　　　Dile voces y seguíle,
　　　　　　　　　cuando él, con razones tales,
　　　　　　　　　me volvió a hablar, ajustando
　　　　　　　　　al freno los alazanes:
　　　　　　　　　«Rodrigo, queda con Dios,
　　　　　　　　　que en desdichas semejantes
　　　　　　　　　tú ni ninguno en el mundo
　　　　　　　　　quiero que me acompañen.
　　　　　　　　　Y dile al dueño que adoro
　　　　　　　　　que pues que pretendió darme
　　　　　　　　　la muerte con su papel,
　　　　　　　　　ni me llore ni me guarde,
　　　　　　　　　que aunque estoy agradecido
　　　　　　　　　a su amor, por otra parte
　　　　　　　　　me ha condenado a destierro
　　　　　　　　　desengaño tan notable.
　　　　　　　　　Que sea, como promete
　　　　　　　　　siempre en su papel, constante,
　　　　　　　　　ya que no me deja el Rey
　　　　　　　　　que la vea ni la hable.
　　　　　　　　　A la empresa de Archidona
　　　　　　　　　me envía, donde matarme
　　　　　　　　　podrán los celos primero
　　　　　　　　　que los moriscos alfanjes.»
　　　　　　　　　Con esto el caballo pica...

　　Esperanza　　　　　No prosigas ni te alargues

                    en excusadas pinturas,
                    ya que no lo son mis males.
                    ¡Ay Leonor!

Leonor   Señora mía.

Esperanza   ¡Cómo no recelé en balde!
                    Porque siempre en sus desdichas
                    son profetas los amantes;
                    malhaya, Leonor, mis manos,
                    pues que no tuvieron arte
                    para engañar, siendo cosa
                    en las mujeres tan fácil.
                    ¡Quemara un rayo la pluma,
                    o para la muerte darme,
                    después de haberlas escrito,
                    fuera cada letra un áspid!
                    Ténganme lástima todas
                    las que de firmeza saben,
                    por que no sientan de ausencia
                    las fáciles y mudables.
                    Loca estoy.

Leonor   Señora, espera.

Rodrigo   Señora, escucha.

Esperanza   Ya es tarde,
                    no hay que escuchar ni advertir,
                    dejadme hacer disparates,
                    que es desdicha notable
                    morir de firme una mujer amante.
                    Plegue a Dios, rey, que te dé
                    muerte un villano, un alarbe,

        y cuando falte un Bellido,
        que Don Enrique te mate.
        Plegue a Dios que no te herede
        tu hijo, y entre su sangre
        revuelto tu cuerpo veas
        y como villano acabes.
        Y tú, dueño de mis ojos,
        que vas imitando al aire,
        vuélveme el alma, o permite
        que te siga y que te alcance,
        porque cuando a detenerte
        mis pensamientos no basten,
        el fuego de mis suspiros
        es posible que te abrase;
        que yo, haciendo de ellos alas,
        también partiré a buscarte,
        como amante salamandra
        que nunca del fuego sale.
        Espera, mi bien, espera,
        no te alejes, no te apartes,
        y estima en menos la vida.

Leonor   Señora.

Rodrigo   Escucha.

Esperanza   Dejadme;
        que es desdicha notable
        morir por firme una mujer constante.

(Vase.)

Rodrigo   Pues queda su amante aquí,
        señora Leonor, aguarde,

| | que ha días que no la veo
| | y está un poquito intratable.
| | Ya sabe que no me voy
| | y cómo he quedado sabe
| | sin amo, y que he menester
| | que vuestra merced me ampare.
| | Aunque me falte don Lope,
| | su clemencia no me falte,
| | pues sobre el vino y perniles
| | tiene el poder y las llaves;
| | mira que está mi remedio
| | en tus manos celestiales.

Leonor   Yo me acordaré, Rodrigo,
          de vos.

Rodrigo   Si ha sido vengarte
          por el mismo estilo, vive
          el Cielo, que no te alabes
          de este desdén, si a rebato
          toco de ausencia esta tarde.

Leonor   Qué poco pienso llorar
          si aquesto que dices haces,
          porque un médico me ha dicho
          que son las lágrimas sangre,
          y a mí cualquiera sangría
          llega a punto de enterrarme,
          cuanto más siendo en los ojos;
          Dios mil años me los guarde.

Rodrigo   Luego ¿no te deberán
          mis amorosos pesares
          lo que a Esperanza don Lope?

Leonor	Rodrigo, no todas hacen
en el mundo esos extremos,
porque dicen las comadres
que suceden mil desdichas
de firmezas semejantes;
líbreme Dios de ser necia,
¡Jesús, Jesús!
Rodrigo	Persignarte
con esta daga quisiera,
porque mejor te admirases,
fregona injerta en doncella,
doncella de Dios lo sabe,
mula gallega, en esto.

(Va a darla.)

Leonor	Tate, Abraham, tate, tate,
que es desdicha notable
morir sin gana a manos de un salvaje.
Rodrigo	Bien te has vengado, enemiga;
plegue a Dios que mueras antes
que lo que en amor me debes
en viles celos me pagues.
Plegue a Dios que cuando friegues,
plegue a Dios que cuando laves,
el jabón y el estropajo
que a toda sobra te falte.
Plegue a Dios que cuanto guises
se te caiga del alnafe,
y cuando tengas más gusto
te yerre un vestido un sastre,

que yo me diera la muerte
con esta daga mudable
para vengarme de ti,
si no pensara matarme,
que es desdicha notable
que quede España sin Rodrigo Hernández.

Vase, y salen el Rey y Doña María, de caza

Rey   Sirva de hermoso esmalte a esta belleza
de este apacible sitio la esmeralda
y esa de plantas áspera maleza,
salvaje por el pecho y por la espalda.
Mira ese arroyo que a bajar empieza
desde ese risco hasta esa verde falda
qué de racimos de cristal de roca
que desperdicia cuando al valle toca.
  Mírale luego al son de los amores
de tantas aves cómo se dilata,
ya haciendo pasamanos de las flores,
ya entre las yerbas, víbora de plata.
Todo convida, amor inspira olores;
dichoso el que estas soledades trata
sin pena, ociosamente descuidado,
libre de la ambición y del cuidado.
  ¡Oh grande imperio de quietud! ¡Oh vida,
la más sabrosa, dulce y regalada,
de pocos en el mundo conocida,
de muchos sin buscarte deseada!
Hoy tu apacible sitio me convida
más que del fiero jabalí la armadura,
a apacentar la vista en tu hermosura,
adonde siempre la esperanza dura.

María El nombre de Esperanza ha muchos días
que anda valido en vos, y me han contado
que os cuesta algún cuidado, y aun porfías
una esperanza de otro verde prado;
y éstas deben de ser melancolías
que queréis divertir de enamorado,
que sois muy tierno vos.

Rey Como los cielos,
os vestís siempre de color de celos,
  que ha hecho amor en vos naturaleza
la costumbre ordinaria de pedillos,
aunque a ofender llegáis vuestra belleza
solo en imaginallos.

María Divertillos
con ello procuráis.

Sale Don García

García Ya la aspereza
de esta montaña, a quien sirvió de grillos
ese arroyuelo en el invierno helado,
ya en plata fugitiva desatado,
  el cerdoso animal penetra ahora
acosado de perros y monteros,
porque desde la risa de la aurora
le han seguido valientes y ligeros.
Primero que la noche encubridora,
hecha pavón soberbio de luceros,
baje, podéis seguirle con ventaja,
porque al cristal de aquella fuente baja.

Rey Vamos, Diana de esta verde selva,

	porque Venus por vos tome venganza, cuando a los ojos de su Adonis vuelva del campo flor con inmortal mudanza.
María	La montería al valle se revuelva.
Rey	Don García.
García	Señor.
Rey	¿Qué hay de Esperanza?
García	Habléla.
Rey	¿Y qué responde?
García	No despide.
Rey	¿Podré perderme?
García	Sí.
Rey	Caballos pide y mira no me pierdas, don García, que contigo he de hacer esta jornada: ¿podráse asegurar Doña María?; porque ha dado en andar desconfiada.
María	Por aquí suena ya la montería.

(Suena ruido de caza.)

| García | La traza de la caza fue extremada. |

Rey	¡Oh, quién viera premiar tantas finezas!
García	Caballo y palafrén a sus Altezas.

Vanse y salen Leonor y Perafán

Perafán	¿Adónde está retirada Esperancica, Leonor?
Leonor	En su aposento, señor.
Perafán	¿Qué tiene?
Leonor	No tiene nada.
Perafán	Pues ¿qué novedad es ésta, si suele salirme al paso? ¿Siéntese indispuesta acaso?
Leonor	Triste sí, mas no indispuesta.

Perafán	Triste, sin duda que ha sido
	la ocasión de este rigor
	que con don Lope, Leonor,
	en desterrarle ha tenido
	  sin más ocasión el Rey
	que su misma voluntad,
	que es cobarde la crueldad
	y a ninguno guarda ley.
	  Quien le vio ayer comenzar
	a privar, que no dijera
	que aquesto imposible fuera;
	ocasión debió de dar,
	  puesto que me parecía

    don Lope buen caballero.
Llama a Esperanza, que quiero,
porque acostarme querría,
   darle primero unas nuevas
de su hermano.

Sale Esperanza

Esperanza   Cuando oí
tu voz a verte salí.

Perafán   Mal dice Leonor que llevas
   este destierro, Esperanza,
de don Lope.

Esperanza   Señor, sí;
que como posaba aquí,
también el pesar me alcanza,
   que el trato del hospedaje
siempre engendra voluntad.

Perafán   Y yo le tengo amistad,
mas no hay quien el gusto ataje
   de un Rey mancebo y quizá
con una punta de celos.
Éstos son necios desvelos,
lo que él quisiere, será;
   en mi casa estoy seguro
sin ninguna pretensión,
sin envidia, ni ambición,
que solo vivir procuro;
   a ese muchacho quisiera,
pues es tan hombre de bien
y lo merece también,

	que el Rey mercedes le hiciera,
	que yo no pretendo más.
Esperanza	¿Qué ha sabido de mi hermano?
Perafán	Que antes que pase el verano
	vendrá a verme.
Esperanza	Tú me das
	muy buenas nuevas (¡ay, Dios,
	cuánto esforzarme procuro!).
Perafán	Hizo treguas con el muro
	granadino ya por dos
	meses Enrique, y levanta
	el sitio, y contra Archidona
	marcha también en persona
	a conquistarla con tanta
	resolución que la villa
	no se le resistirá
	una semana, y dará
	luego la vuelta a Sevilla.
Esperanza	Tráigale con bien el cielo.
Perafán	Bien puede ser que perdón
	alcance en esta ocasión
	del Rey, don Lope Sotelo,
	cuando la guerra se acabe,
	si ha sido leve el disgusto.
Esperanza (Aparte.)	Nunca el amor es tan justo
	que perdonar celos sabe.

Perafán	Esto me escribe tu hermano.
Esperanza	¿Recogerte determinas?
Perafán	Los viejos somos gallinas en acostarnos temprano, y así recogerme quiero; recógete tú.
Esperanza	Sí haré. Dios te guarde.
Perafán	Dios te dé buen sueño.

(Vase.)

Esperanza	El mortal espero.
Leonor	La esperanza eres peor que se puede imaginar, pues te pones a esperar cosa tan mala.
Esperanza	¡Ay, Leonor!; qué poco sabe tu pecho de amorosa voluntad.
Leonor	Ella es mucha necedad, hay muy pocas que la han hecho.
Esperanza	Soy de aquesta condición, ¿qué quieres?

Leonor	Que al uso seas,
	si ser discreta deseas,
	y vivir en conclusión:
	   mira tú en lo que han parado
	esas que firmes han sido,
	si fábulas no han mentido,
	y autores se han engañado.
	   Tisbe murió con la espada
	de Píramo; Hero también,
	a Alejandro hizo sartén,
	y murió en él estrellada,
	   y otras muchas, que el amor
	las trajo al último exceso.

Esperanza	¿Y no dejaron con eso eterna fama, Leonor?
Leonor	De fama hablas ahora: ¡qué amor tan gentil profesas!
Esperanza	Nunca de cansarme dejas.

Leonor	Tengo lástima, señora,
	   a tus años y quisiera
	que como era justa ley,
	que no te tuviera el Rey
	por aldeana y grosera,
	   que en ello consistiría
	de tu don Lope el remedio,
	más que en otro humano medio:
	¿qué dijiste a don García?

Esperanza	Ni bien ni mal.

Leonor	La tibieza es el estado peor. ¿Vendrá el Rey?
Esperanza	No sé, Leonor.

(Suenan guitarras.)

Leonor	Música en la calle empieza.
Esperanza	Será el Rey, que don García me previno esta mañana.
Leonor	Ponte un poco a la ventana por tu vida y por la mía.
Esperanza	No tengo gusto, antes quiero recostarme en este estrado.
Leonor	En gentil grosera has dado.
Esperanza	De esta suerte vivo y muero.

(Cantan dentro.)

Músicos	Los negros soles de Albania estaba adorando Tirsi, tan avaros, que al del cielo niegan la luz que les piden.
Esperanza	Qué músicos tan cansados.
Leonor	¿No te agradan? ¿Es posible, que cantando de esta suerte,

	estas voces no te obliguen,
	cuando no viniera el Rey
	a favorecerlas?

Esperanza	Viven
	muy lejos las alegrías
	de mis pensamientos tristes.
(Vuelven a cantar.)	Por hermosa y por soberbia
	es amiga de imposibles,
	y con ser Sol de estos campos,
	es sombra de quien la sigue;
	mas ay del triste
	que quiere el Cielo
	que en el viento fíe.

(Duérmese Esperanza.)

Leonor	Durmiese, que solamente
	así ha querido rendirse;
	quiero dejar que descanse.

(Vase.)

Habla Esperanza en sueños

Esperanza	Seáis, dueño de mis ojos,
	bien venido, que os partisteis
	con el alma, y me dejasteis
	sin mí, y con vos siempre firme.
	Dadme los brazos, mi bien,
	y como yedra ceñidme,
	que soy vuestra. ¿Qué es aquesto?

Sale Don Lope y levántase Esperanza

¿Qué causas, mi bien, te impide?
¿Vos conmigo desdeñoso?
¿Vos enojado? ¿Vos triste?
Celoso estáis, esperad;
no os vais, escuchad, oídme,
iré tras vos dando voces;
¡oh, mi bien!

Vase a entrar por donde está Don Lope y se encuentra con él

Lope	¿Qué empresas sigues
	Esperanza de este modo?

(Despierta.)

Esperanza	¡Ay!, ¿quién eres?

Lope	Yo soy.

Esperanza	¿Finge
	esto el sueño todavía?
	¿O eres sombra, que te vistes
	del original que adoro?

Lope	Si duermes, despierta, y ciñe,
	mi vida, esos dulces lazos
	a quien te adora tan firme
	como tú misma.

Esperanza	¿Qué es esto,
	mi bien?

Lope	Venir a servirte,

	venir a verte y adorarte.
Esperanza	Señor, parece imposible; ¿por dónde entraste?
Lope	Por ese balcón, que de oriente sirve a tus ojos, cuando quieres dar a los campos abriles. Que como ladrón de casa, por aquella parte vine que asegura el sordo Betis que duerme entre juncia y mimbres, que con la fama y recelo de esta fantasma que dicen no hay envidioso que escuche ni malicioso que mire.
Esperanza	Con música en esta calle, al Rey encontrar pudiste.
Lope	Primero se fueron todos.
Esperanza	Don García me persigue por el Rey.
Lope	Será mandado; es fuerza que determines ir entreteniendo al Rey, que importa a los dos; resiste a tu misma condición, que haber escrito tan libre y con tantos desengaños, como pienso que escribiste,

　　　　　　　　　pudo ser causa, Esperanza,
　　　　　　　　　de mi muerte; hasta que miren
　　　　　　　　　los cielos nuestros deseos
　　　　　　　　　con más venturosos fines,
　　　　　　　　　(que todo al poder del tiempo
　　　　　　　　　viene a mudarse, a rendirse,
　　　　　　　　　y más en el que es mudable,
　　　　　　　　　viendo la empresa imposible)
　　　　　　　　　tú a sus ruegos, Esperanza,
　　　　　　　　　siempre cortés, y difícil,
　　　　　　　　　sin darle jamás favores
　　　　　　　　　es bien que contemporices,
　　　　　　　　　que es en efecto absoluto
　　　　　　　　　dueño de todo, y consisten
　　　　　　　　　nuestras dos vidas en ello,
　　　　　　　　　puesto que llego a pedirte
　　　　　　　　　la cosa más peligrosa
　　　　　　　　　que a las mujeres se pide;
　　　　　　　　　mas conociendo tu pecho,
　　　　　　　　　no es razón que desconfíe.

Esperanza　　　　Con eso solo me ofendes.

Lope　　　　　　　Perdona si te ofendiste,
　　　　　　　　　que quien ama confiado
　　　　　　　　　o es necio o está muy libre;
　　　　　　　　　todas las noches vendré
　　　　　　　　　y adiós, que el alba se ríe,
　　　　　　　　　si no me engaño, Esperanza,
　　　　　　　　　que ya despiertos lo dicen
　　　　　　　　　los gallos de Cantillana
　　　　　　　　　y no quiero que al partirme
　　　　　　　　　me encuentren sus labradores,
　　　　　　　　　que los villanos son linces,

y fálteme la tierra, el agua, el viento,
la luz del Sol que cuanto vive alcanza,
y de mis enemigos la venganza,
el propio honor, el mismo entendimiento,
el ánimo a la sangre, el nacimiento,
en mis desdichas esperar mudanza
y deberte, Esperanza, la esperanza
que es el más apretado juramento.
Fálteme Dios en la postrera suerte
que hay del vivir humano al postrer sueño,
cuando a este trance su clemencia pida,
si tuviere poder la misma muerte,
para quitarme, regalado dueño,
el amor que te tengo con la vida.

Esperanza   Pues primero será la noche día
y niebla el Sol, verano el cano invierno,
la guerra paz, lo temporal eterno,
disgusto el bien, pesar el alegría:
volverá el tiempo atrás y en la porfía
de la fortuna varia habrá gobierno,
pena en la gloria y calma en el infierno,
que deje de adorarte el alma mía,
que no podrán mudarme de este intento
el Rey, ni el Sol, si lo que ve me ofrece,
que por ti todo lo desprecio y piso;
que la mujer, aunque igual al viento,
si sale firme, espíritu parece
en no volver atrás en lo que quiso.

Fin de la segunda jornada

Jornada tercera

Salen todos los que pudieren armados graciosamente y Rodrigo de sacristán, Carrasca, alcalde labrador, y Zalamea vejete, alcalde, y sacan cajas de guerra

Zalamea   Hagan alto las hileras
               en aquesta encrucijada
               que es por donde salir suele
               este Demonio o fantasma.
               La frente del escuadrón
               nos toca a mí y a Carrasca
               por el oficio, en efecto,
               de alcaldes de Cantillana.
               El sacristán esté a punto
               con el hisopo y el agua
               para en oyendo el ruido...

Rodrigo   Por las aleluyas santas,
               por los kiries y responsos,
               que tengo de zampuzarla
               en el caldero, aunque venga
               en figura de tarasca.
               Mal conocen los señores
               alcaldes la temeraria
               virtud del sacristán nuevo,
               el valor y las palabras.
               Conjuros sé con que puedo
               arrojar esta fantasma
               al rollo de Écija; miren
               adónde quieren que vaya.

Carrasca   Mira, el rollo, sacristán,
               no la ha menester, echadla
               a Vienes que hay una legua,

                    cuando aguas y lodos haya,
                    que por Dios entonces ella
                    la legua que he dicho pasa
                    viva, que no ha de quedar
                    en un mes para fantasma.

Zalamea   Harto mejor será, alcalde,
                    que llegue allá descansada
                    por que sepan los de Vienes
                    que hay valor en Cantillana
                    para hacerles mal.

Carrasca   Decid,
                    Zalamea, cuando falta
                    para esto, ¿cuánto y más dónde
                    hay tan bellacas entrañas
                    como en nosotros?

Zalamea   Decidlo
                    por vos, compadre Carrasca,
                    que a pesar de todo el mundo
                    yo las tengo muy hidalgas.

Carrasca   ¡Qué hambrienta que las tendeles!

Zalamea   ¿Qué queréis, han de estar hartas
                    de pan, ajos, cebollas
                    como las vuestras, Carrasca?

Carrasca   Por eso, bien que las vuestras,
                    por no parecer villanas,
                    nunca han comido tocino.

Zalamea   Mentís por medio la barba.

Carrasca	Y vos por esotra media.
Zalamea	¡Villano!
Carrasca	¡Hidalgo sin branca!
Zalamea	¿Eso es falta?
Carrasca	¿Pues hay cosa que a todos haga más falta?
Zalamea	A mí, no; que mi nobleza, tan conocida, me basta.
Carrasca	¡Si descendéis de Lentinos, claro está!
Zalamea	Por la Giralda, de la torre de Sevilla, de un pampaco que la vara os la rompo en la cabeza.
Carrasca	No se os debe de dar nada de la crisma que hay en ella.
Rodrigo	¡Ea, señores!, no vaya esto a mayor rompimiento.
Carrasca	Agradeced, Martín Gala, al sacristán, que yo os diera a entender.
Rodrigo	Digo que basta.

Carrasca	Baste muy enhorabuena.
Rodrigo	Si no sea enhoramala.
Carrasca	El sacristán nos perdone, que tiene razón.
Rodrigo	No falta sino perderme el respeto; no saben que en esta causa traigo las veces del cura, y su bonete y sotana, y puedo descomulgarlos, como quien no dice nada, y casarlos siete veces, si se me antoja.
Zalamea	Esa es mala burla de Dios.
Rodrigo	No me enoje que volveré las espaldas, dejándoles, si son necios, a cuesta con la fantasma.
Carrasca	Señor sacristán Rodrigo, perdone vuseñoranza, para que Dios le perdone, porque si mos desampara, somos perdidos.
Rodrigo	Está muy bien, desle ahora traza

	de cómo hemos de embestirle.
Zalamea	Con el guisopo y el agua
ha de ir delante de todos
cuando toquemos al arma,
el sacristán, y nosotros
guardándole las espaldas.
Rodrigo	¿Y esta fantasma, en efecto,
qué hora tiene señalada
para venir?
Zalamea	A las doce
y media, poco más, baja
de aquella ermita a la villa,
y poco a poco a la plaza
por aquellas cuatro calles.
Esto ha dicho Blas de Olaya,
que la vio, oyendo el ruido,
pasar desde su ventana,
y estuvo sin habla un día.
Carrasca	Antona está con tercianas
de haberla visto una noche
desde lejos.
Zalamea	La Polanca
malparió un hijo.
Carrasca	Antón Crespo,
de escuchar desde su cama
el ruido, habrá tres días,
y serán cuatro mañana,
que no come y que se sale

	como tinaja quebrada.

Rodrigo   Pasará gran pesadumbre,
               si de esa suerte lo pasa;
               ¿y en qué figura, en efecto,
               aparece esta fantasma,
               por que estemos prevenidos?

Zalamea   Todos cuantos de ella hablan,
               diferencian en el modo:
               unos dicen que es muy blanca
               y tan alta, que pasea
               los tejados con la cara;
               otros, que es un bulto negro;
               otros, que es como una vaca,
               con tres cabezas, echando
               por todas tres humo y llamas;
               mas ninguno se conforma
               con el otro.

Rodrigo   Enigma extraña;
               esta noche lo veremos;
               alerta no se nos vaya
               de las manos.

Zalamea   Si ella viene
               esta noche lo veremos;
               le mando mala ventura.

Carrasca   Yo prometo desollarla,
               y a la puerta de la iglesia
               colgarla llena de paja,
               a donde todos la vean.

Rodrigo	¡Oh, qué graciosa alcaldada! ¿Qué es espíritu no veis?
Carrasca	Porque no lo sea.
Rodrigo	Extraña simplicidad.

(Suena dentro ruido de cadenas.)

Zalamea	Imagino, si mi vejez no me engaña, que han sonado unas cadenas.
Carrasca	Y han vuelto a sonar.
Rodrigo	Malhaya quien no tiene muy gran miedo.

(Gemidos dentro.)

Zalamea	Parece que un toro brama.
Rodrigo	Y aun infierno de toros; a todos tiembla la barba.
(Vuelven gemidos.)	Otra, ¡vive Dios!, que está el diablo en Cantillana.
Carrasca	Sacristán, esto se acerca; salgamos tocando al arma y comenzad el conjuro.

Todos a voces

Todos	¡Conjuradla, conjuradla!
Rodrigo	¡Conjúrela Barrabás!
Carrasca	Ya llega.
Zalamea	¡Santa Leocadia! ¡Santa Tecla! ¡Santa Eufemia! ¡Santa Águeda! ¡Santa Engracia!
Rodrigo	¡Exíforas, abernuncio!
Zalamea	¡Todos los santos me valgan!
Carrasca	¡No hay ánimo que la espere; huyamos!
Rodrigo	De buena gana.

Van a entrarse y encuentran con el Rey

> Con ella hemos dado agora
> por estotra parte; aparta,
> no hay duda sino que está
> el diablo en Cantillana.

Vanse y salen Don García y el Rey

García	Por fantasma te han tenido.
Rey	Desta manera se engañan los que dicen que la han visto.
García	¡Qué propia gente villana!

Rey	Con notable miedo corren,
	y viene a ser de importancia
	a mi amor, pues de esta suerte
	la calle nos desamparan,
	y sin testigos podremos
	conquistar la hermosa causa
	que adoro.
García	Ya, al parecer,
	va siendo menos ingrata,
	pues esta noche me ha dado
	de que te ha de hablar, palabra,
	arrepentida, señor,
	con razón de las pasadas.
Rey	Tira una piedra, García.

(Tiran una piedra.)

García	Ya va.
Rey	Y con ella a mis ansias,
	que pudieran, don García,
	con más razón despertarla.
García	Y dices bien, que parece
	que se ha dormido.
Rey	Pues vaya
	otra piedra, y piedra a piedra
	llame, donde amor no basta.

(Vuelven a tirar otra piedra.)

García   Ya he tirado y parece
                que han abierto la ventana.

Abren una ventana y está en ella Perafán, viejo

Rey   Pues retirate, García,
                si no es sueño que me engaña.

(Vase García.)

Perafán   Un hombre a este balcón pienso
                que se acerca.

Rey   ¿Es Esperanza?
                ¿Es mi bien?

Perafán   Esto está bueno;
                las piedras no me engañaban.

Rey   ¿No respondéis?

Perafán   Caballero,
                cortesano o de la casa
                del Rey: hacedme el favor
                de ésta que veis, respetarla,
                que es de un noble caballero
                que su honor y sangre guarda,
                y estamos en una aldea,
                adonde con poca causa
                desacreditarse puede
                entre malicias villanas,
                y no es bien hacer terrero
                a costa de opinión tanta,

                        ni que deis por hacer señas
                        en mi honor tantas pedradas,
                        que descalabréis mi vida
                        y despertéis mi venganza.
                        Si pretendéis casamiento
                        y sois noble, las ventanas
                        no solicitéis con piedras,
                        que puertas tiene mi casa.

(Éntrase.)

Rey   Entróse. ¡Por Dios, que el viejo
                        que tiene prudencia rara
                        y valor! ¿Iréme? No;
                        que él se habrá vuelto a la cama,
                        y ella saldrá, porque el Sol
                        primero que el Alba salga;
                        ¡oh amor!, al inconveniente,
                        qué de pensiones que pagas,
                        aunque vencedor de todo
                        el mundo tiembla tus armas.
                        Lisonjea, amor, mis penas,
                        pues me estás debiendo tantas
                        con hacer que todos duerman
                        y solo vele Esperanza.
                        Mas, ¡vive el cielo!, que ahora
                        sale un hombre de su casa:
                        o he de matarle, por Dios,
                        o conocerle.

Sale Perafán con espada y broquel

Perafán   Pues causan
                        en vos tan poco respeto,

                        caballero, las palabras,
                        y me obligáis, ¡vive Dios!,
                        que con las obras os haga
                        conocer que sois grosero
                        y os he de echar con la espada,
                        pues no puedo con razones,
                        de la calle a cuchilladas;
                        veréis quien soy, aunque viejo,
                        porque el valor nunca falta
                        donde hay sangre noble.

(Vase el Rey sin hacer caso de él.)

                                Fuese
                        sin responderme palabra,
                        y vive Dios que parece
                        que es el Rey, si no me engaña
                        el crujido de las piernas.
                        Pesárame que Esperanza
                        dé al Rey ocasión ninguna,
                        siendo de don Juan hermana
                        y de aquesta sangre hija.

Dentro Don Juan

Don Juan   Ten de aqueste estribo y llama.

Perafán   Mi hijo es éste, sin duda
                    que ha llegado; bien se acaban
                    los recelos de esta noche
                    con nuevas tan deseadas.

Vase y salen Doña Esperanza y Don Lope

Esperanza	Ya, dueño del alma mía, vuestra remisión culpaba, y me ha debido por vos muchas lágrimas el alma.
Lope	Mi bien; no ha podido ser menos, puesto que está el alma siempre con vos.

(Dentro.)

Perafán	Entra, Juan, despertarás a tu hermana.
Don Juan	Un hombre está allí con ella, si las sombras no me engañan.
Perafán	¿Un hombre? ¡Mátale!
Esperanza	¡Ay, cielo! Si puedes, mi bien, te escapas, que son mi padre y mi hermano.
Lope	No te alborotes, aparta, y no temas, mientras vieres en este brazo esta espada.

Salen Perafán y Don Juan con espadas desnudas

Perafán	¿Quién eres, hombre?
Lope	Don Lope, dueño de doña Esperanza.

Don Juan	¿Quién, di?
Lope	Don Lope Sotelo.
Perafán	¿Don Lope?
Lope	¿De qué te espantas?
Perafán	De verte en mi casa así.
Lope	Para ese seguro guarda
doña Esperanza una firma
de mi mano, en que declara
que es mi esposa; reportaos,
que podrá ser de importancia
el haberme hallado aquí
a todos, con la llegada
del señor don Juan, que el cielo
para mi bien esto traza;
volved con este los dos
las espadas a las vainas,
pues sabéis quién soy.
Perafán	Entremos.
Don Juan	Notable aventura.
Perafán	Extraña.

Vanse y sale el Rey vistiéndose y acompañamiento

Rey	¡Pesadas noches!
García	Ningunas

                tiene más cortas el año.

Rey   Hácenlas más importunas
                de un dulce amoroso engaño,
                tantas contrarias fortunas,
                 que en las sabrosas porfías
                de las esperanzas mías,
                que tan poco bien me ofrecen,
                siglos las horas parecen
                y eternidades los días.

Sale Doña María y toma la toalla

                Dadme la toalla.

María   Aquí
                para servírosla estoy.

Rey   Vos tanta merced a mí

María   Si sois mi rey.

Rey   Vuestro soy.

María   Quiero ver, señor, si así
                 puedo granjearos más,
                pues nunca alcancé jamás
                a gozar de vos una hora.

Rey   Siempre habéis de estar, señora,
                con celos.

María   Ya es por demás
                el poder vivir sin ellos,

	pues siempre tengo ocasión de pedillos y tenellos.
Rey	Vanas ilusiones son; más valor fuera vencellos, que por los hermosos ojos soles vuestros celestiales, que son quimeras y antojos.
María	Siendo ciertas las señales, ¿no lo han de ser los enojos?
Rey	Ciertas, ¿cómo?
María	Tomaos vos cuenta a vos mismo, y veréis si en vano os culpo.
Rey	Por Dios que os engañáis, pues sabéis que un alma somos los dos, y es de quien sois desigual que habléis en cosa tan vil.
María	Si amáis, no os parezca mal, que aunque es materia civil, es de causa criminal.
Rey	Sí, pero a tales personas los celos nunca han llegado, que son líneas de otras zonas, porque siempre han respetado los cetros y las coronas; y cuando atrevidos fuesen

	fuera bien que les venciesen.
María	Vos en salud nos sangrasteis, que a don Lope desterrasteis por que no se os atreviesen.
Rey	Ya es eso, por Dios, pasar de celosa a maliciosa.
María	Siempre lo debe de estar la que llega a estar celosa, que celos es sospechar.
Rey	De esa suerte no es certeza.
María	Con vuestra Alteza no arguyo, porque a ser sofista empieza.
García	Perafán y un hijo suyo, para entrar a vuestra Alteza, piden que puerta les den.
María	No falta sino que venga doña Esperanza también. La audiencia no se detenga, por mí esperando no estén honrarlos, pues en efecto a hacerlo estáis obligado, en público y en secreto, porque a un suegro y a un cuñado se les debe ese respeto.

(Vase.)

Rey Todo de esta vez lo dijo:
    notable es Doña María;
    pero para qué me aflijo:
    haced entrar, don García,
    a Perafán y a su hijo;
     ahora corre este humor,
    y ha de perdonar si en mí
    viere causa a su rigor.

García Ya está Perafán aquí.

Salen Perafán y Don Juan

Perafán Danos tus plantas, señor.

Rey   Dios os guarde, Perafán
    de Ribera, y seáis vos
    muy bien venido, don Juan.

Don Juan Mil años os guarde Dios,
    y del helado alemán
     al etíope abrasado
    dilate vuestro valor
    con vuestro nombre.

Rey   ¿En qué estado
    queda la guerra?

Don Juan   Señor,
    estas treguas fin han dado;
     pide partido Archidona
    para ser de la Corona
    de Castilla, y a este efecto,
    aunque sin gusto, os prometo

                de que falte mi persona;
               con ese pliego me envía
                Enrique.

Rey   ¿Queda mi hermano
                con salud?

Don Juan   Salud tenía
               cuando partí, aunque el verano
               ha durado la porfía
                de la guerra.

Rey   Yo deseo
               haceros merced, don Juan,
               porque vuestro valor veo,
               y el que tiene Perafán,
               y acudir quiero al empleo
                de doña Esperanza.

Perafán   Ahora
               hay ocasión.

Rey   ¿De qué suerte?

Perafán   Don Lope Sotelo adora
               sus partes, y aunque divierte
               tras la espada vencedora
                de Enrique, en esta jornada,
               con las armas el amor,
               esta cédula firmada
               del nombre suyo, señor,
(Dale al Rey la cédula.) a doña Esperanza dada,
                como es razón, reconoce,
               y determina cumplilla,

                que obligaciones conoce
                del hospedaje Castilla,
                así mil años os goce,
                 que nos honréis, si hay lugar,
                dando a don Lope licencia
                para venirse a casar,
                porque puede con su ausencia
                riesgo nuestro honor pasar.
                 Esto don Juan por merced
                que pediros ha traído,
                lo que interesamos ved,
                y a lo que él os ha servido
                aquella merced haced,
                 o a lo que mi padre y yo
                a vuestro padre y abuelo...

Rey   De esta suerte.

(Rompe el Rey la cédula.)

Perafán   ¿Quién premió
                jamás tan heroico celo
                que la obligación rompió?
                 Vive Dios, que no habéis hecho
                lo que debéis al valor
                de esta sangre y de este pecho.

Don Juan   Si con nuestro deshonor
                queréis quedar satisfecho
                 del enojo que tenéis
                con don Lope, vive Dios,
                que pagar no pretendéis
                lo que debéis a los dos,
                y que a los dos obliguéis.

Perafán	A un desatino.
Rey	¿Qué es esto?

(Entrándose el Rey, vuelve a ellos.)

Perafán	Señor, yo...
Don Juan	Yo...
Rey	Basta ya.

(Vase el Rey.)

Don Juan   Echó la fortuna el resto;
¡que nos despreciase así!

Perafán   Otro secreto hay aquí
más que sabemos los dos,
que lo sospeché, por Dios,
y anoche lo descubrí,
 aunque te lo deslumbré
cuando llegaste, don Juan.

Don Juan   ¿Cómo?

Perafán   Presumo que fue
el Rey.

García   Señor Perafán,
hoy vuestro valor se ve.
 A vos y a don Juan, su Alteza
manda que así como estáis,

	con pena de la cabeza,
	de Cantillana salgáis
	luego.

Perafán   Bien su Alteza empieza
               a premiarnos.

García   Perdonadme,
               y, como es justo, los dos
               de las nuevas disculpadme.

(Vase.)

Don Juan   ¡Moros hay, y vive Dios!...

Perafán   Calla, Juan.

Don Juan   Padre, dejadme,
               que de cólera reviento.

Perafán   Obedezcamos al Rey,
               que ha de haber más sufrimiento
               en más valor.

Don Juan   Esta es ley
               de un injusto pensamiento.

Perafán   Esto debe de importar;
               vamos donde van sus leyes,
               que en todo hemos de pensar,
               don Juan, que aciertan los reyes,
               y obedecer es callar.
                Eso es justicia y razón,
               lo demás es desatino,

                    porque Dios, en conclusión,
                    es en lo humano y divino
                    la postrera apelación.

Vanse, y salen Esperanza, Rodrigo y Leonor

Esperanza   Rodrigo.

Rodrigo   A pedirte vengo
                    la mano y la bendición,
                    porque determinación
                    de irme con don Lope tengo.
                     Pruebo mal en el oficio,
                    si puede llamarse así,
                    de sacristán, porque aquí
                    no es de ningún beneficio,
                     que de almorzar no se gana
                    apenas, y es destruirse,
                    porque han dado en no morirse
                    cuantos hay en Cantillana,
                     que el médico está enojado
                    con el cura, y descompuesto
                    el boticario, y por esto
                    los responsos han colgado,
                     y han jurado el boticario
                    y el médico que han de estar
                    seis veranos sin matar,
                    como suele de ordinario;
                     ésta es la causa, señora,
                    que con don Lope me lleva,
                    si la guerra no me prueba
                    también.

Esperanza   No intentes ahora

	hacer mudanza ninguna;
	quédate, Rodrigo, en casa,
	mientras de don Lope pasa
	y de mi amor la fortuna,
	que será muy brevemente;
	aquestas nuevas te doy.

Rodrigo   Tu esclavo, señora, soy,
            y lo seré eternamente;
             vivas más años que un censo
            perpetuo, que una muralla,
            que la manta de Cazalla,
            porque con tu ayuda pienso
             ser de Leonor, a pesar
            del tiempo, dueño.

Leonor   Eso no,
            Miguel de Vargas, que yo
            mejor me pienso emplear
             cuando haga ese disparate.

Rodrigo   Pues qué, ¿aun no somos amigos?

Leonor   Vienes oliendo a bodigos.

Rodrigo   Pluguiera a Dios.

Esperanza   No se trate
             de pesadumbres agora.

Leonor   No entendí verte jamás
            alegre, y pienso que estás
            de mejor humor, señora;
             si no me engaño, imagino

	que hace algún efecto el Rey, porque un rey, a toda ley...
Esperanza	Mi padre pienso que vino, y mi hermano.
Rodrigo	Pues ¿está el señor don Juan aquí?
Esperanza	Desde anoche llegó.
Rodrigo	Así de don Lope nos dará famosas nuevas.
Esperanza	Rodrigo, lo que te he dicho es lo cierto.
Rodrigo	Pliegue a Dios que al dulce puerto llegue don Lope contigo, tras tantas olas de ausencia, de celos y de temor; yo quiero dar al señor don Juan hoy, con tu licencia, la bienvenida.

Salen Perafán y Don Juan

Perafán	Aquí está Esperanza.
Rodrigo	Bienvenido vuesa merced haya sido, que era deseado ya

                de todos sus servidores.

(Habla Esperanza con su padre en secreto.)

                  Vuesa merced ¿viene bueno?

Don Juan   Perdonad, que soy ajeno
                    de quién sois.

Rodrigo   Estos señores
                  siempre me han hecho merced,
                  y les estoy obligado.

Esperanza   Es de don Lope criado
                    Rodrigo.

Rodrigo   Vuestra merced
                  desde hoy por suyo me tenga.

Don Juan   Guárdeos Dios.

Perafán   Esto ha pasado:
                  El Rey nos ha desterrado,
                  que de esta suerte se venga
                  de sus celos y de ti.

Esperanza   En casa os habéis de estar,
                  sin que salgáis del lugar,
                  y dejadme hacer a mí,
                  que el Rey quiere ser llevado
                  por bien.

Perafán   Tu hermano ha venido,
                  Esperanza, sin sentido.

Esperanza	Venid y perder cuidado,
	que no hay del Rey qué temer,
	mientras mi industria os ampare,
	y si yo no le engañare,
	no me llamaré mujer.

(Vanse Esperanza, su padre y hermano.)

Rodrigo	¡Ah, doncella!
Leonor	¿Qué nos manda?
Rodrigo	Que procure componerme
	donde duerma.
Leonor	¿Luego duerme?
Rodrigo	Y más si es la cama blanda.
Leonor	¿No le desvela el amor?
Rodrigo	El suyo en toda mi vida.
Leonor	¿Luego hay otro?
Rodrigo	No me pida
	tanta cuenta.
Leonor	¡Qué rigor!
Rodrigo	He dado en esto.
Leonor	¡Oh, qué bueno!

Rodrigo	Yo me voy, mire que esté de mano de su merced la cama.
Leonor	Picaño, lleno de más vino que de amor, ¿él se hace grave conmigo?
Rodrigo	Oh, por vida de Rodrigo, que está donosa Leonor.
Leonor	¿Qué tanto?
Rodrigo	Que me das gusto; di a tu galán que me vea, si ser dichoso desea, que haceros merced es justo.
Leonor	¡Bergante!
Rodrigo	Basta.

(Vase Rodrigo.)

Leonor	No hay cosa que cause tanto pesar en el mundo, como estar de un despicado celosa.

(Vase.)

Sale Don Lope. Es de noche

Lope	Noche, en cuyo atrevimiento
mis recelos se confían,
mis esperanzas se fían
y alienta mi pensamiento.
 Vos seáis tan bien venida
como fuisteis deseada
del alma más abrasada
que se vio de amor perdida.
 Vuestra ciega oscuridad
ampare mi loco amor,
y mi celoso temor
vuestra oscura majestad,
 que sin poder resistirme
vengo en tan dichoso empleo
a gozar lo que poseo,
siempre amante, siempre firme.
 Y antes de la deseada
hora en que a Esperanza veo,
me trae loco el deseo
con la vida aventurada.
 Dadme, dichosas paredes,
las nuevas de mi bien ya,
pues en vosotras está
al Sol haciendo mercedes.
 Permitid, paredes mías,
mi dicha al Rey responded,
porque de tan gran merced
haga amor las alegrías.
 Gente parece que ha entrado
en la calle, y debe ser
cortesana, al parecer,
que el alma no me ha engañado.
 El Rey es; volverme quiero,
que en la ordinaria señal

>   le he conocido, que mal
>   hago en esperar, si espero
>   ningún bien, pues ha venido
>   a la ordinaria porfía
>   de la esperanza que es mía.
>   Perdiendo voy el sentido.

Vase, y salen el Rey, Don García, Don Álvaro y Don Sancho, de noche todos

Rey
>   Un hombre atraviesa allí
>   que me da que sospechar;
>   o le tengo de matar,
>   o reconocerle; aquí
>   os quedad por breve espacio
>   los dos, y venga García,
>   haciéndome compañía
>   solamente y a Palacio
>   ninguno vuelva, hasta tanto
>   que todos vuelvan conmigo.

García
>   Como tu sombra te sigo.

(Vanse Don García y el Rey.) Sale Doña María en hábito de hombre

María
>   Noche, en cuyo oscuro manto
>   se amparan tantos secretos
>   y se ven tantas verdades;
>   lince de curiosidades,
>   de tu muda sombra efectos,
>   a descubrir vengo en ti,
>   por perdida centinela,
>   el mal que el alma revela.
>   Gente parada hay allí.

Sancho   ¿Si es el Rey?

Álvaro   ¿Es don García?

María   Los criados del Rey son.

Sancho   ¿Es vuestra Alteza?

María (Aparte.)   Ocasión
me da la sospecha mía
para conseguir mi intento,
pues con ellos no está el Rey;
a tanto obliga la ley
de un celoso pensamiento;
quiero fingir que el Rey soy,
que los debió de dejar
entretanto que él fue a hablar
a quien tantos triunfos doy.

Sancho   ¿No responde?

Álvaro   ¿Quién es?

María   Yo,
seguidme.

Álvaro   El Rey es.

María   ¡Ah celos!
¿qué mal han hecho los cielos
que a vuestro infierno igualó?

Vanse, y salen el Rey y Don García

Rey	Ilusión debió de ser, o le dio mi pensamiento alas con que venció al viento.
García	No tienes ya que temer, que Esperanza está rendida; que ha podido tu rigor engendrar en ella amor.
Rey	Con eso guarda La vida de su padre y de su hermano.
García	Y aguarda en ese balcón, si no es imaginación.

Esperanza al balcón

Esperanza	¡Ce!
García	Ni he imaginado en vano, que te ha hecho señas ahora para que llegues.
Rey	García, a tu puesto te desvía, y a las aves de la aurora apenas deja pasar.
García	Lo que me mandas haré.

(Vase.)

Rey	Vino este bien que esperé, tuvo mi dicha lugar

	en gloria tan soberana.
Esperanza	Para tu esclava nací.
Rey	Ya no dirá amor por mí:
	¡ay larga esperanza vana!,
	que tras el bien en que doy
	tantos alcances al cielo,
	¿cuántas noches ha que vuelo,
	cuántos días ha que voy?
Esperanza	Siempre venció la porfía
	la más imposible empresa,
	si de hacer guerra no cesa
	con un día y otro día;
	porque la que es más tirana
	se rinde como lo estoy,
	engañando al día de hoy
	y esperando al de mañana.
Rey	Para estimar tanto bien
	habéis hallado, Esperanza,
	sin caudal la confianza
	y el pensamiento también.
	Ya no vive el albedrío
	con leyes de embajador,
	que después que tengo amor,
	es muy más vuestro que mío.
	Haced, deshaced, mandad,
	dad vidas, alzad destierros,
	y de mis celos los yerros
	como locos perdonad,
	con tal que la causa de ellos
	no vuelva a veros jamás.

Esperanza   Eso es lo que estimo en más.

Rey   Vuestros negros ojos bellos
                     son dueños del alma mía.

(Suena ruido de cadenas dentro.)

                     Pero ¿qué es esto?

Esperanza   ¡Ay de mí!

Rey   ¿Qué es lo que tenéis? ¿Decid,
                     luz del Sol y Sol del día?

(Vuelven a sonar.)

Esperanza   ¿No escucháis, señor?

Rey   Ya escucho
                     unas cadenas; ¿qué importa?

Esperanza   Vuestro valor os reporta.

Rey   Aquí no es menester mucho.

(Quéjanse dentro.)

Esperanza   ¿Los gemidos no escucháis?

Rey   Pues ¿de quién son los gemidos?

Esperanza   ¿No ha llegado a los oídos
                     vuestros, el tiempo que estáis

| | en Cantillana, esta fiera
fantasma? |
|---|---|
| Rey | Es burla, por Dios. |
| Esperanza | El Cielo quede con vos,
que el alma el temor me altera.
y perdonadme. |

(Vase.)

| Rey | Cerró
la ventana, miedo extraño;
llegándose va, o me engaño,
el ruido. ¿Iréme? No.
 Ya la voz otra vez suena,
tristemente dilatado;
ahora en la calle ha entrado,
arrastrando una cadena,
 un bulto blanco, tan fiero
que me ha causado temor,
con tener tanto valor. |
|---|---|
| (Sale la fantasma.) | Llegarme y hablarle quiero;
 mas él se viene hacia mí;
vive Dios, que he de mostrar
ánimo sin recelar,
que esto debo a quien soy: Di
 quién eres y qué me quieres,
si es que vienes buscando
encargarme, deseando
alguna cosa: ¿quién eres?
 ¿Eres Blanca, que de esposa
solo me diste la mano?
¿Eres Fadrique, mi hermano? |

                    ¿Eres don Juan de Hinestrosa?
                    ¿Eres mi madre? Responde
                    si algo de mí has menester,
                    que yo te prometo hacer
                    cuanto pidas, aquí o donde
                    te fuere más importante
                    a tu descargo y descuento,
                    que para escucharte atento
                    ánimo tengo bastante.
                    ¿No respondes ni haces nada?
                    Pues hacerte hablar procuro,
                    ya que no sé otro conjuro
                    que el acero de mi espada.

(Cae el bulto y la cadena, y queda Don Lope con cota y broquel, espada, media mascarilla y montera.)

                    El bulto en el suelo dio,
                    y con espada y broquel
                    de su portento cruel
                    otro prodigio quedó.
                    Hoy de mi valor me alabo,
                    hombre, fantasma o difunto;
                    no temo al infierno junto,
                    porque soy Don Pedro el Bravo.

Éntrase retirando Don Lope y Rey acuchillándole y salen por una puerta Don García y por otra Don Álvaro, Don Sancho y Doña María

Sancho   Repórtese vuestra Alteza,
                    porque es irritar al Rey.

María   Amor nunca guarda ley
                    cuando a ser celoso empieza.

García	Caballeros, si es posible
vuélvanse por cortesía.
María	De guarda está don García;
esta vez es imposible
dejar de pasar delante,
aunque vos al paso estáis.
García	Otro imposible intentáis.
María	Seré a vencerle bastante.
García	¿Quién es?
María	¡La Reina!
García	¡Señora!
¿Vos de esta manera?
María	Así
vengo buscando sin mí
a quien vos buscáis agora,
por ver este desengaño.
Esperanza (Dentro.)	¡Que matan al Rey!
María	¡Ah Cielo!
Mayor desdicha recelo;
venid, venid.

(Vanse.)

Salen acuchillándose el Rey y Don Lope

García	¡Caso extraño!
Lope	Suspenda la invicta espada, no me mate vuestra Alteza.
Rey	¿Quién eres?
Lope	Un desdichado, que amor...

(De rodillas.)

Rey	Por amor comienzas, disculpa tienes bastante; levanta del suelo.
Lope	Deja que en él humilde te pida primero perdón.
Rey	¿Qué esperas? ya te he perdonado; alza.
Lope	Con esa palabra, es fuerza que sin máscara te bese los pies, y decirte pueda quién soy.
Rey	¿Quién eres?
Lope	Don Lope Sotelo.

Rey   ¿De esta manera?

Lope   Fuerza de amor pudo tanto,
                    que desde la noche mesma
                    que me pediste a Esperanza
                    para dejarme sin ella
                    —porque imaginé, señor,
                    que teniendo algunas muestras
                    de mi voluntad, habías
                    de condenarme a su ausencia—,
                    por prevenirlo tracé
                    esta fantasma, que intenta
                    amor imposibles cosas
                    contra el poder y la fuerza.
                    Cuando dejar me mandaste
                    de Archidona por la guerra
                    a Cantillana, señor,
                    no estuve una legua apenas
                    ausente del bien que adoro;
                    y la misma estratagema
                    usando todas las noches,
                    entraba a gozarla y verla.
                    Hallóme don Juan, su hermano,
                    y Perafán de Ribera
                    con ella, y queriendo darme
                    muerte los dos, por la ofensa
                    hecha a su casa y honor,
                    enseñó Esperanza bella
                    una firma de mi mano.
                    Fueron a hablarte con ella;
                    vine a saber el suceso,
                    encontróme vuestra Alteza;
                    a su invencible valor
                    no bastó mi estratagema.

Esa es mi historia, mi culpa,
mis celos y vuestra ofensa;
si no me disculpa amor
aquí tenéis mi cabeza.

Salen Perafán y Don Juan y Esperanza, Leonor y Rodrigo por una puerta, y por la otra Doña María, Don García, Don Álvaro y Don Sancho

Perafán	No importa que el Rey agravie, para que la sangre nuestra vertamos por él.
María	Llegad.
García	Señora. aquí está su Alteza.
Álvaro	El Rey está aquí.
María	Señor.
Rey	Señora, ¿qué es esto?
María	Fuerza de mis celos, imposibles de vencer de otra manera.
Esperanza	Cielos, aquí está don Lope; ¿qué novedad es aquesta?
Perafán	Vuestra Alteza nos perdone; que puesto que vuestra Alteza nos mandó de Cantillana salir esta tarde mesma, y no lo habemos cumplido,

| | las voces que en esta reja
dio Esperanza, nos obliga,
sin reparar en la pena
que nos fue puesta, señor,
a ofrecer a vuestra Alteza
nuestras haciendas y vidas. |

Rey   Que ese amor os agradezca,
            Perafán, es justa cosa;
            don Lope Sotelo sea
            de doña Esperanza esposo.

Lope   Mil años que el Sol te vea
            rey de Castilla y León.

Rey   Con la mayor Encomienda
            de Castilla, que es lo menos
            que debo a vuestra nobleza.

Perafán   Guárdeos el Cielo.

Rey   De un tercio
            doy a don Juan de Ribera,
            pues es tan grande soldado,
            por que me sirva en la guerra.

Don Juan   Sobre vuestros hombros ponga
            su imperio el Sol.

Rey   Y a vos, reina
            de Castilla y de mi alma,
            que es de vuestro Sol esfera,
            palabra de nunca daros
            celos, porque sé que llegan

	a perderos el respeto.
María	Guárdete el Cielo, que es deuda de mi amor.
Esperanza	Estoy confusa y no creyendo yo mesma lo que estoy viendo.
Lope	Después sabréis, Esperanza bella, grandes cosas.
Rodrigo	A Rodrigo que los pies te bese deja, pues fue sacristán por ti más de una semana y media.
Lope	Guárdete Dios.
Leonor	Dame a mí tus manos también.
Rodrigo	No quieras, que estaba ahora fregando, y no es mucho al ámbar huelan.
Rey	A Palacio.
Rodrigo	Dando aquí, por que a sus casas se vuelvan, de EL DIABLO ESTÁ EN CANTILLANA, senado, fin la comedia.

Libros a la carta

A la carta es un servicio especializado para
empresas,
librerías,
bibliotecas,
editoriales
y centros de enseñanza;
y permite confeccionar libros que, por su formato y concepción, sirven a los propósitos más específicos de estas instituciones.
Las empresas nos encargan ediciones personalizadas para marketing editorial o para regalos institucionales. Y los interesados solicitan, a título personal, ediciones antiguas, o no disponibles en el mercado; y las acompañan con notas y comentarios críticos.
Las ediciones tienen como apoyo un libro de estilo con todo tipo de referencias sobre los criterios de tratamiento tipográfico aplicados a nuestros libros que puede ser consultado en Linkgua-ediciones.com.
Linkgua edita por encargo diferentes versiones de una misma obra con distintos tratamientos ortotipográficos (actualizaciones de carácter divulgativo de un clásico, o versiones estrictamente fieles a la edición original de referencia).
Este servicio de ediciones a la carta le permitirá, si usted se dedica a la enseñanza, tener una forma de hacer pública su interpretación de un texto y, sobre una versión digitalizada «base», usted podrá introducir interpretaciones del texto fuente. Es un tópico que los profesores denuncien en clase los desmanes de una edición, o vayan comentando errores de interpretación de un texto y esta es una solución útil a esa necesidad del mundo académico.
Asimismo publicamos de manera sistemática, en un mismo catálogo, tesis doctorales y actas de congresos académicos, que son distribuidas a través de nuestra Web.
El servicio de «libros a la carta» funciona de dos formas.
1. Tenemos un fondo de libros digitalizados que usted puede personalizar en tiradas de al menos cinco ejemplares. Estas personalizaciones pueden ser de todo tipo: añadir notas de clase para uso de un grupo de estudiantes, introducir logos corporativos para uso con fines de marketing empresarial, etc. etc.

2. Buscamos libros descatalogados de otras editoriales y los reeditamos en tiradas cortas a petición de un cliente.

www.ingramcontent.com/pod-product-compliance
Lightning Source LLC
LaVergne TN
LVHW041259080426
835510LV00009B/801